不是只有玉里麵

神山腳下的菜市場

譚玉芝 著

目次

推薦序

故事還沒結束，生活依然前行

古碧玲——《上下游副刊》總編輯

齒頰生津地讀畢《不是只有玉里麵——神山腳下的菜市場》。

這本散文的作者譚玉芝為了躲避疫情，從一位標準的都會女性，意外旅居鄉村一段時間，領受各種「文化震撼」。繼而在鮮採的蔬果間，從「植物盲」識得不少植物，植物的運用間更有篇篇與人交手的故事。她也是所謂的「芋仔番薯」，在各種口味的洗禮，養成做和吃之間的雷達。都會生活和鄉旅生活的更迭，觸發她升起對生態開始有感的天線。

寫生活的散文，於不同時代之間，始終有後浪逐著前浪拍撲人的心岸上。

生活，絕非千篇一律的。生活，也人人皆有一本本自己的書冊，同中大異；但要寫得讓人讀得津津有味，跟著作者筆下鏡頭，彷彿親歷每一個現場，跟著其中所描述的同感人事物，頗講究敘事能力，文字漂亮，未必能抵達心岸，恰恰好的情感釋放，或許更具引力。

我是散文的重度閱讀者。

自幼家裡所訂的報紙一來，父親讀頭版、政治版、社會版，我在一旁伺機等著他撇下副刊那一大張，趕緊趁母親忙家事時，搶讀其中的連載小說、方塊短論、小品文。還有些作家描述身旁人事物的文章，有長有短，細細密密地如織繡般敘說著知名者、小人物、日常事，乃至物品的質感與風華滄桑等，像磁石般，讓童年時的自己，無論是眼睛和心神都被它們黏著住。

日後終於知道這些文章是所謂的「散文」，被視為非虛構文類。本真，是散文創作與閱讀間的最可貴之處，作者如何以真心誠摯的書寫換讀者的真心，勾連起彼此的精神交流。關於「城市鄉巴佬」徙居鄉間的作品多半強調其間的反差，多年前的外版書《托斯卡尼艷陽下》曾暢銷一時，高反差的情節與人物讓讀者的心跟著忐忑；而譚玉芝則是藉各種構面書寫生命各階段的轉換場景，在不慍不火間，心緒和態度隨之變化，我邊讀邊想：「如果我在現場，怎麼面對這種狀況？」

例如，都市人多半怕黑，因為居住空間窄仄，往往廁所近在咫尺，夜半可無懼地爬起身。但譚玉芝的玉里老厝生活篇，實際所面臨的則是——

晚上，山裡一片漆黑，家裡除了客廳開燈，其他地方也是黑，剛住時，上廁所時有點怕怕的，尤其到了睡覺時間，我實在沒膽一人去睡，總要等阿薰一起入睡，老夫老妻幾十年了，居然此時感情變好了？

還有太多無法預期、不知如何應付之事，像是：村裡的阿婆隨時來到老厝，不顧一切就叨叨絮絮起來。山中成群猴子與人毫無距離，雀躍在屋頂上、大剌剌來搶熟果吃，都市人怎能應付？五穀不分、從無種植經驗、被格式化習慣買食材的都市人，該如何分辨老厝原屋主媽媽所栽種的植物，或是自來的隨喜野菜，如何加以利用，並建立起連結——

後園於我是個結界，那裡萬物滋長，留有阿公阿嬤在的時候，自己種植的果樹與作物，也是一個家庭的食物與財源，甚至是家族綿長的記憶所在，那是土地作物與人的感情的連結……

飲食在本書裡佔有一定比例，確實如玉芝所寫的：「飲食，就是一個人的生命史，且以個人的書寫，拉開一扇窗，那裡有自己的山景。」她從一碗單純不靠做工取勝，又能迅速飽腹的玉里麵，回溯及她那操著揚州鄉音的父親所傳的「譚家麵」；一鍋道地與否的獅子頭，入口驚動的不僅是味覺，而像似一生對國家家庭朋友盡責的父親，其精神永遠停留在那碗滋味鮮活毫不花俏的麵和丸裡。在她筆下，食物更像破解配合題般，一入口就連到每個人盤根錯節的心事和理還亂的關係，熱熱送進嘴裡，引出滿眼辣辣的串珠。

以種種小我的敘寫揭幕，終以關注大我的〈生態之美〉落幕，那是玉芝在花蓮生活期間，雖幸運地避開一次大地震和大颱風，卻對環境周遭的生態有了更深的感知——

透過靈魂之眼，有時候我看見的不是一棵樹，而是整個宇宙在眼前攤開，有時候看見的不只是一個木盒，而是一場生生滅滅。

在紛擾的末法之世，故事還未結束，生活依然前行。譚玉芝那雙探問世事的晶亮之眼，在她雅逸秀奇的筆下，大愛小愛溢於其間，讀到對世界的熱愛卻不濫情。

闔上書，似有一抹暗香飄過鼻息間……

推薦序

他鄉偶然成原鄉

吳鳴——作家、政大歷史系教授

二〇二一春天，一個偶然的機緣，譚玉芝來到玉里，適逢新冠肺炎疫情肆虐，在此居住兩年，猶若避秦之桃花源，日久他鄉成原鄉。譚玉芝用手上的筆，記下玉里的山水、風物、人情，有類地志，而尤有勝於地志者。

臺灣的地志書寫來自兩個傳統，其一是漢文化的地理志與方志，另一為日治時期日本學者之林野調查與博物志，其著者如伊能嘉矩、鹿野忠雄、菊池米太郎等，奠立了臺灣博物志書寫之傳統，當代作家劉克襄即克紹箕裘之最著者。譚玉芝這本《不是只有玉里麵》亦有部分承繼此傳統，然尤著墨於環境文學與飲食文化。

玉里舊名璞石閣，是八通關古道出口，為花蓮最早開發的城鎮之一，住民多為客家人。八通關古道自南投竹山至玉里鎮，為一八七五年總兵吳光亮率領粵籍官兵修築完成，現存古道有清古道與日治時期古道，以日治時期古道占大部分，東段即今瓦拉米步道。

玉里位於花東縱谷中段，北上花蓮市與南下臺東市約等距，一般稱之曰南花蓮。玉里往南是富里，花蓮縣的最後一個鄉；富里往南即池上，為臺東縣最北之鄉。近年有關池上的文字、圖像，多如過江之鯽，反倒南花蓮的玉里乏人問津。

花東縱谷是我心底的迦南地，我故鄉所在的豐田是北花蓮，譚玉芝所寫的玉里是南花蓮，然則兩者均為客家村，地理、居民、住屋、生活多相似。譚玉芝的住屋座西朝東，背面是夕陽落下的中央山脈，正面是迎向晨曦的海岸山脈，與我老家格局相同。玉里附近有安通溫泉，近年熱門的八通關古道東段瓦拉米步道，歷史人文豐富。住屋前是晒穀場（玉里多客家人，名曰禾埕；福佬語名稻埕），譚玉芝於書中云阿嬤稱為操場。住屋邊上有菜園，四周有果樹，木瓜、芭樂、樹葡萄、薑黃、佛手瓜、山苦瓜，以及一棵老桂花樹。譚玉芝曾做樹葡萄醬、桂花釀、桂花糖，山徑有月桃花、蝴蝶谷，有若人間仙境。

本書收錄之篇章，包括菜園、果樹，拔草除藤等農活，鄰居之稻田，亦有野遊中央山脈與海岸山脈之紀行。其中對植物之描寫極為細膩，是行家手筆。譚玉芝本身廚藝高明，書中之飲食文化，非僅是玉里的，亦是天涯的，尤融入家族廚房，父親的譚家麵、婆婆的炒米粉，在譚玉芝筆下都令人口頰生香。

本書融合環境文學、飲食文化與生活日常，譚玉芝的文字猶似電影之跳接，柳岸花明又一村。才寫著玉里，忽爾轉到日本或上海，卻又嚴絲合縫，完全無違和感，簡直是神來之筆。

本書寫出花東縱谷中段之風土人情、動植物生態、具有深沉的生命感動。在地志與博物志傳統之外，別開生面，人文向度，飲食文化，徐徐道來，引人入勝。

自序

日劇《初戀》的女主角剛開始學開車，在旭川的圓環裡差點撞上前車，直到正式上路執業，也是在圓環的車道，初戀男友在另一輛計程車裡看到她，想追上她，但是那車卻從另一個出口隨著車流流走，失之交臂。

那圓環常出現在劇中場景，我們玉里，也有。

騎車到鎮上，要從光復路往中山路時，必須跟著圓環繞行才能到中山路，圓跟緣同音，那個圓環象徵著一個緣分，我常想，人跟人的緣分，很多時候，只是失之交臂的距離而已。

而我跟花蓮玉里的緣分似乎早就定下了。

二〇一七年我們以鳳林為根據地，將行李放在住宿處，以輕裝的方式走花蓮，每天背著簡單必要的行囊，往南走，走到光復，吃完飯搭火車回鳳林，第二天搭車到光復，繼續往南走，到了瑞穗，再搭火車回鳳林，第三天依樣畫葫蘆，一直到最後一天大雨滂沱中，在三民的公車站牌等車到玉里，一上車不知道為何遇到心情不好的司機，被他爆氣的罵了一下，我不知所以的看著窗外，一片陌生的景象。

公車到了玉里總站天色已晚，我的腳因為舊傷加上淋雨受寒，筋膜炎復發，加上那日走得疲憊，身體又累又痛，多走一步都不行，眼看旁邊有餐廳，想趕緊吃完飯坐火車回鳳林休息，哪知友伴全不體會我的心情，還想為了美食繼續追下去，忍耐痛苦已久的我瞬間理智斷線，這是我跟玉里的第一次遭遇戰。

吃了一個炒麵（也是吵面）就離開玉里了。

失之交臂的瞬間可以只有一秒，也可以是四年。

二〇二一年四月底，一個口頭的邀請與約定，我們想要躲避因為疫情而改變的城市生活，人類日漸稀少的臺北街道，縱有行走的人也是全副武裝，連靠近都不能的末日景象，這個邀請，不啻是上天給的禮物。

臺北人緣田而行，發現屋舍儼然，有良田美池桑竹，黃髮垂髫，怡然自得，那裡人不知有漢，不論魏晉，我覺得，居住之地有水源淙淙流過，從山上流下，依地勢往下流入田裡，每天沿著水圳巡田，就是一日幸福之事。

老天眷顧，縱谷裡的天氣特別美好，經過一夜醞釀，霧氣在太陽出來前攏聚在大地上，待太陽出來強烈的陽光照射下，吸收夜裡水露精華的穀子又得到茁壯的機會，園裡的黑土肥沃，沒有特別照料的果樹們，只消除去多餘的果，包果後也都長得甜美豐碩，一棵老叢芭樂樹就讓我們吃了好多天，還有免照顧的樹葡萄，瘋長到枝條爆滿，送人綽綽有餘。

更別說住在金牌朋友福康設計蓋好的祖厝裡，挑高堅固，通風又方正大氣，幾次大地震都堅若磐石，鄰居們都是自家親戚，勤勉樸實，承蒙他們包容，我們不在時還會幫忙修枝剪葉。

那些時日玉里也並不好過，二〇二一年雙十節前的一次颱風尾，大水淹沒結穗的黃澄澄稻子，二〇二二年九月十八日發生六點八級的大地震，兩次災害我都不在玉里，但是看著新聞上的玉里，卻感同身受，回去看看鄉親們的臉色，快樂不起來，可是沒多久，大家都慢慢地回復到以往認命踏實的樣貌，彷彿《亂世佳人》裡的郝思嘉所說，明天一切都會好的。

農家都是老年人留守，其實鎮上的返鄉青年，或移居到玉里的人也不少，明忠結合在地青年重新創作飲食文化，除了自家咖啡甜點，還有阿美族的德盛種植有機四季檸檬，發展海鹽檸檬汁，住在卓溪部落會辦桌的布農族嗡嗡，以及長濱來的深夜餐酒館，這批年輕又努力的青年們，讓玉里有了更多的活力與生氣。

觀察植物給我許多靈感，我常在沒人的田間蹲著看稻穗，農夫們應該也習慣這個傻氣的外地人，在「異次元小路」上觀察沒人注意的野花野草、蜻蜓鳳蝶白鷺鷥的生態之外，以植物入菜，易地而居，更勾起了我對家族傳菜的記憶。

飲食，就是一個人的生命史，且以個人的書寫，拉開一扇窗，那裡有自己的山景。

感謝《上下游副刊》總編輯碧玲邀稿，讓我可以把鄉居時光的觀察，無論是家裡的桂花還是鄉野間瘋長的月桃花，發展成飲食寫成文章，結集成了這本書三分之一的作品，尤其每次給主題後，總編讓我自由發揮，給我很大的寫作空間，她對作者的信任與大度，是作者的幸福。

謝謝吳鳴老師，除了是我花蓮豐田的「老鄉」，每週一堂的書法課，寫毛筆字之外，談談文學音樂，筆墨紙硯，也聊飲食做菜，增添了生活的廣度。

最後，謝謝天上的爸爸，地上的媽媽，以及堅實的好伴侶阿薰，主編雪如與親友們，謝謝玉里，謝謝天。

台灣黑熊館
三民
協天宮
濕地
秀姑巒溪
瑞穗
松浦
赤科山
德武
觀音
安通
樂合
東里
玉長隧道

玉里全景

陳明忠／繪　（黑板、粉筆）

輯一——神山之韻

心靈原鄉

小時候以為的故鄉，是古早身分證後面登記的江蘇江都，這地名，有兩個字從水部，望文生義，那必定是有江水流過的地方，有水，則魚肥水草茂美，有水，則那裡的人個性溫婉，有水，則生活便利文化發展早。

「其實就是揚州。」爸爸教我出去可以這麼說。這麼一來，許多人搞不清楚江都在哪裡的時候，我只消說揚州，大家都懂了，「好地方。」有些長輩聽了會立刻回答。乾隆皇下揚州七次，還沒開始讀地理課本的我，早就看過電視裡的歌仔戲，楊麗花扮演風流倜儻的乾隆，喬裝成貴公子去揚州玩的樣子。

如果你沒看歌仔戲，你大概也聽過「煙花三月下揚州」這句人人上口的詩句。從小聽爸爸說，家門後有條清澈的小溪流過，溪裡游著魚，夏天他們常常下水消暑，秋冬時節，田裡是一望無際的油菜花，還可以煉菜花油，家鄉結的桃子如拳頭大，甜得滴汁。

二〇〇四年住在上海的時候，跟著爸爸歸故鄉，住在爸爸出錢蓋好的兩層樓老家，一樓是表哥一家居住，我們住在二樓，他回到那兒，日日同髮小話桑麻，穿田走巷，請大家吃飯，親戚有很多理由跟他借錢，他也慨然出借，只是，因為世代差距，加上沒住過農村，我在那兒住了幾天，就回去上海。

我沒遊瘦西湖，只在獅子樓聽了評彈，點了一些小點，其中有揚州名菜獅子頭，送來的獅子頭小的如一個貢丸，裝在一個小盅裡，燈光昏黃下，看起來黑黑的毫不起眼，我的印象裡，不管是姑媽在臺北做的或是上海餐廳廚師做的，一定是最大的盤子，盛上大又圓，富麗飽滿的獅子頭，不然怎麼叫做「獅子頭」？這還是我第一次吃到小顆的「丸子」呢！放入嘴裡，我卻訝異了。

一口即融，軟嫩無比的肉球瞬間化在嘴裡，無需咀嚼，只消輕輕一咬，隨著丸子化開，肉香的滋味秒發散出來，占滿口腔，實在是太好吃了，是我這輩子吃到的第一名。所謂揚州獅子頭，天下第一，此時此刻得到應證，果然名不虛傳。

除了陪爸爸回去，我沒有別的理由再去揚州，畢竟，那裡不是我生長居住的地方，那兒，是爸爸的故鄉，舊式身分證也已換發新款，再也不標注籍貫，只有出生地，臺灣臺北。

生於臺北長於臺北的我，臺北就是我的家。

穿過大片的住宅，走進六號水門，那是一個空曠無遮蔭的臺北，基隆河綿延的展開，緩緩流動的河水，流到淡水出海口，再跟大海滙集，兩旁臨河的步道，有長長的蘆葦，像屏風一般遮住視線，偶爾有魚跳出水面，銀白的魚肚在空中經陽光照耀後，發出炫人的光，岸邊還有螃蟹爬過，這是週間的時刻，沒什麼人，只有享受寂寞的跑步者，或單車騎士穿過。

跳過堤防，是奔忙的車流，穿流不盡的焦躁空氣在身旁震動，無論白天黑夜，此地是內湖科學園區的進出要衝，遇到上下班時間，基隆河悠悠，這兒卻是車流堵塞無盡頭。這就是臺北，有時候，已經習慣到，如白開水一樣的平淡，幾乎感覺不到味道，反正，臺北永遠都在，不是嗎？

而阿薰的朋友同學，在生命中最風口浪尖，殫精竭慮的時候，乍然停頓，降落土地，身上的戰袍都還未卸下，此時，回頭一望，這美好的仗我已打過，拍卻身上塵土，提早退休返鄉，穿回最簡單的圓領運動T恤加短褲，成為那個走過路過沒人注意的，種田的農夫或砍柴樵夫。

臉書上，有人回到臺中，剛好老家有一方圍牆內的庭院，可以種各類香草，盆裡草木青綠可愛，想做料理時抓一把即能嚐到最新鮮的味道，因為綠手指，還希望大家來領養，退休生活養花蒔草，本當如此。

還有一個同學退休回臺南老家，重回童年的懷抱，聞聞過去的空氣，踩著小時候跑過的土地，吃吃道地的鹹粥、牛肉湯，他說，有時高雄有體育比賽或是演唱會，坐個高鐵就到了，看完再回來，真是愜意。

「為什麼我們沒有老家？」我羨慕極了，忍不住問阿薰，他基隆人，家在市區的公寓，好像也不符合我們對老家的期待，我想，所謂的老家，應該是一方鄉野，能夠充分休憩，又能跟都市生活有點分別，卻也不是跟自己的生活毫無關連的地方？

能不能說，想找一個跟前半生過的生活完全不同的，跟現在心境比較相通的「原鄉」？

二〇二〇年二月，計畫半年以上的紐西蘭北島自助之旅，即將啟程，全球性的大疫時代來臨，不只是我，所有人都突然被迫取消行程，隨著疫情散播嚴重，從世界到國家到家庭份子，堅壁清野，只為了躲避瘟疫。

大多時間，我百般無聊地躺在沙發上，陷入發呆的白日夢時刻，躺到頭都疼的時候，剎那間靈光一閃，一個想法出現在我腦中，那個金牌朋友，去年只剩媽媽在故鄉獨居，會不會剛好需要我們去幫忙？當靈感來臨的時候，不必多想，只要寫下簡短的幾個字 line 過去：

「老家需要人看顧嗎？」

他立馬打來，好啊！來看看啊！

四月底，與臺北友人們先到花蓮找他，再去玉里老家看望他的媽媽，第一次見面，我們稱她阿嬤，她請大家喝茶吃水果，我看著屋子，沒有多做觀察，我是個感受先行人，對地理方位格局沒什麼反應，只是隨大家跟阿嬤聊天，看著阿嬤圓圓的臉，笑笑地看著我們，而金牌跟媽媽講話的聲音還真甜，不難想像，媽媽很疼這個身為老么的獨子。

在屋裡屋外轉轉，完全沒去想，這個地方對未來的我，會產生什麼影響，單純的跟大家欣賞眼前稻穗轉黃，田邊有水川流，朋友拍下海岸山脈的雲瀑縮時攝影，待了一個小時，臺北友人覺得熱，也有人覺得有點蚊蟲，便準備上車，再回花蓮，畢竟，回去還要兩個小時呢！

我聽到他跟媽媽說：「媽媽，可以去拿衣服了。」

阿嬤緩緩地從家裡拿了個小包出門，時間近黃昏，從家屋慢慢地走到晒穀場，安靜毫無遲疑的，跟著前方等著她的兒子，開了車門，看著她彎身，入座，車門關好，人都到齊，車子開走了。

那一刻，後知後覺的我才知道，阿嬤要結束獨居生活，到兒子家裡定居了。

因為，那個小小的包袱，怎麼看，都是兩天一夜的行囊啊！

從這天開始，連一點儀式感也沒有，老家竟成了佇立在山邊，等著我們入住的房子。

我想像的未來，那個再簡單不過，沒人注意的農漁樵夫的生活，其實是另一個世界，其陌生非我這個都市人能想像，阿嬤離開了生活了半輩子的家，投入另一個家，我的原鄉正要開始。

我的金牌朋友

剛認識他時，他才新婚，在花蓮豐田村子裡，買下了一棟舊屋，他把舊屋改造重建，我們到的時候，看到門外殘留的一垛紅磚牆，上面有植物攀爬，進去屋子裡，是他的妻子秒咪，一頭黑亮直髮，臉上有對黑白分明眼睛，靜靜的看我們說話。

房子挑高，可以散花蓮夏日太陽之熱，地上水泥抹地，平整簡單，赤腳在上，很接地氣，大部分時間，我們坐在巨木形成的天然屏風後方，一條長直原木剖開而成的餐桌旁，天南地北的聊天喝茶。

晚上哪兒也別去，就住他家，空曠的四房，預見了未來他的家庭組織，第二天，還是由他開車載著臺北俗，探訪他的秘境，其秘境，媒體難以發現報導，有時，是一片海邊的沙灘，在類似峽灣包圍的無人海邊，靜靜看著湛藍海水踏浪，晚上露營最好，還能仰看滿天星斗。

有時是一條溪邊的小攔沙壩，男人們一條短褲下水，女人們短T短褲，泡在溪中，任流過的溪水，清涼一身溽熱，他還備了自製降火涼茶，裝在冰鎮的寶特瓶裡，一罐黑黑的，一杯下去，保證裡外透心涼。

這些撇步，只有鄉下長大的野孩子才精，日後我住進玉里老家，鄰居伯母見我一次，必唸他一次的兒時惡行，「我又不是他媽。」我心裡想。當我被伯母第一百零一次的錄音回放到受不了時，總要幫忙回憶，四處放火，爬樹給伯母追，被老爸打等等，第三百八十七次回放時，我真的老媽魂上身，跟伯母頂嘴囉：

「阿康現在在大學裡教書，你相信嗎？」人家伯母硬頸的很，也大聲地回我：

「我相信啊！」我看著年近九十的老太太笑了，覺得自己真的很可笑。以前的野放，造就了今日我們這幫朋友的福利，把那些大人以為頭痛的伎倆，發展成大家覺得：

「真好玩，有意思，我也來參加吧！」的遊戲，或許是他人生最大值的發揮。

這些遊戲包括：參與五味屋的建築設計，幫忙社區裡的孩子，結合請他蓋房子的屋主合作社區營造，打造豐田在地工作室，帶學生一起在社區落戶，發展各自潛能，若有競賽，帶著東華大學學生一起參與，開眼界之外順便讓學生看看自己的水準在哪。

除了跟著玩以外，（說真的，誰不愛玩？）他也常被介紹成：

「人家是出國比賽得金牌的餒！」

我一直沒看到金牌放在哪裡，不過，初次參觀他的工作室，因為完全外行，所以只能看著那些木頭發呆，聽他大開大闔地說著夢想，當我看到他年少時，為了方便出國比賽，設計一套裝置木工工具的工具箱，看著那木製箱子可以折放拉展，倒是開了眼界。

木頭箱子，原來可以像現代的箱子使用。

「古代沒有塑膠材料，箱子一定都是木材做的啊！」他說。

稍微看到，金牌出鞘的時候，閃動的光芒。

後來才知，小時候不喜歡讀書，國中畢業後，去臺東技職學校學習，老師看中這個野孩子，有特別困難的工，會叫他去做，他也喜歡接受挑戰，在學習中訓練耐心跟毅力。

金牌的養成需要好幾年，如同木頭般，需要不斷的打磨，人也一樣，不斷的打磨技藝與被技藝打磨。

先透過學校初選參加全國初賽，初賽分北中南三區，前幾名的人才能參加全國賽，要參加國際賽，必須未滿二十一歲，而國際賽是兩年舉辦一次，全國賽的名次在前五名者，且未超齡的選手，還要參加第二次國手選拔，獲選後，訓練一年，再代表國家受訓一年，出國比賽。每天要花十幾個小時以上訓練，他代表國家去法國里昂，參加「世界技能競賽」，得到「門窗木工類」金牌（看到這種養成規則，頭都暈了）。

那年他二十歲，便站到「技能界奧林匹克」之譽的頂峰。我首次到老家最深的記憶，就是看到客廳擺著木頭椅子的那面牆，牆上超級大的幾個木頭匾額，比我在老國醫館看過的「華佗再世」「妙手回春」的匾額還大，「為國爭光」的幾個大匾額掛滿牆頭，大地震時，我最擔心若大匾額砸到木桌木椅上可不得了，回家抬頭一看，它們紋風不動，好端端地懸掛廳堂。

勵志人生還沒停，耀眼的技藝保送臺北工專的工業設計系，去之前，老師又幫他好好地補習，把國文英文該考的科目補好了，安穩入學，畢業後去英國念碩士，恩師們慷慨解囊，所有的助力，該是為了成就今天的他傾力付出的推手吧！

這是個勵志的故事，那是一個層面，我只想問：「二十歲的時候我們在做什麼啊？有夢想嗎？有傾注熱情去試試看嗎？」

交朋友除了氣味相投，還有真誠，而我們的人生，也真誠的跟自己交心過嗎？

如今年近五十的金牌，簡單歸結自己的人生：「沒有人家的條件好，就要加倍認真勤勞的做，如果有任何問題，抬頭看看遠處的山，跟無際的稻田，一切，又重新開始。」

看似雲淡風輕，其實依他的硬頸個性，也算是見山又是山了，別忘了，工匠自帶刀，誰有那麼多時間跟你攪和，講不聽就連人一起修整。

放在家裡的作品，大部分是打磨得很洗練的，符合規矩方圓的，卻又在那標準之外，展現出一絲絲、細細的，屬於他對木頭的心思，比如一個開放式的圓盆，在比例抓得極為精準的圓形架構下，開展出弧度，木質的紋路出現在打磨後的邊緣上，由內到外的盆子，沒有一絲凹凸不平，能感受超出機器之外，用手摩挲器物，探知哪裡還有不夠周圓的地方，既注意線條的伸展，又能保持原木的個性。

在規矩方圓之中，能不能，讓想像力超脫規矩，釋放物質的拘束，飛翔轉化成另一種可能後，穿越有形的密度，再度降落在木頭上，打造成各種器物，進入人的生命中。見物即見人，這是我感受他個性中的某個面向。

我們認識十多年，因為他的豪爽大方熱情，雖然沒有常常聯絡往來，但每次見面都很開心，包括，後來陸續增添的家族成員，可以毫無違和的逗作夥，能夠隨手抱兩下並牽個小手的小朋友們（我多喜歡跟小朋友鬼混），跟年長的阿嬤，聊到開心的時候摟一把拍一下，偶爾聽秒咪老師訓斥一下家裡最不聽話的那位「大孩子」（咳！野孩子的本質不大會變），像自己家人，想說就說，想笑就笑。

隨著他的天分與勤勞，事業與家庭不斷發展下，我們比較少打擾他了，但是只要去花蓮，就會想到他，吃頓飯，聽聽他在當地生活發生的事情，他有自己的工作室，成了社福團體理事長，甚至更遠的花蓮南邊的事，他在縱谷裡跑著，偶爾跑到臺東：

「想把玉里的田收回來，提供給臺東的老師當木工廠，讓學生學習。」金牌的光可以轉化成太陽的能量，照耀田裡的苗。

認識多年，我最記得的事，是某年，二〇一六年嗎？我們跟朋友去走錐麓古道，走完了，雖然住在花蓮市，也還是要去找他，晚上，秒咪與孩子們都回家了，秒咪說，如果晚上沒下雨，我們可以去鯉魚潭看螢火蟲。

兩部車，吃完飯開過去，下了車，是黑暗寧靜的園區，男人們一群，女人們一群，我跟著秒咪和阿嬤，牽著小男生，看著樹叢裡草叢中，幽暗黑絲絨上閃出的星點，一閃一閃，那天月亮有光但不太亮，隱約看到像松樹般的樹木，上面綴滿了光點，秒咪說：

「像不像聖誕樹的燈飾？」「像！」我說。太有想像力了。

孩子們開心無拘的往草叢裡撲去，想接近可愛的光點，秒咪媽媽總是會告訴他們要小心，不要傷害螢火蟲，有時螢火蟲飛到身邊，手腳輕快的孩子用手輕握著，成了小燈籠，再把它放開，那天路上無人，一整條繞潭的道路，都成了我們的私密遊玩地點，遠處傳來整齊的吆喝聲，是一年後得到世錦賽金牌的國家隊，仍然在訓練中。

這是視覺無法開展的夜晚，任憑聽覺跟嗅覺飄逸的一刻，黑暗中模糊的人影，偶爾擦亮漆黑的繚亂小燈籠，四處飛揚，孩子們的稚嫩喊叫聲，在耳邊響著，潮濕的潭水和下過雨的氣味，混合著夜晚植物發散的氣息，形成了一幅仿若包圍在泡泡裡的野地景象，如今想起來，這些回憶彷彿還是飄浮的，偶爾螢火蟲的小天燈，仍不時的在記憶中升起。

日後，當我們住進老家，我才知道，家庭般的感情，確實是存在的，否則，我不會來到這個地方，被允許住進這個眾人喜歡的好房子與地區，得以接近左鄰右舍，欣賞前方的稻穗與海岸山脈，後面的護國神山山脈，確實是庇佑著我們，念及這兩個四體不勤、五穀不分的臺北俗，至少，有這麼一點心，來看顧家園，雖然農業知識不佳，做得實在不夠出色。

每次回臺北，總是繫念著，那芭樂不知被蟲咬了沒，桂花今年是否大爆發了，枇杷沒施肥怎會清甜，更別說，每次想了就發愁的，春夏發了瘋暴長的雜草，唉！

總歸是金牌同意，否則，我們哪有這一段山腳下的記憶呢？

植人計畫書

拉開紗門，走進與外面強烈飽滿陽光完全不同的陰暗大廳，眼睛慢慢適應了光線，環顧四周，房子裡是開闊的大廳與兩排椅子，還有結了蛛網的原木座椅，轉頭看向紗門外是青綠的海岸山脈，前方映襯著黃澄澄的稻田，雲海像瀑布般慢慢地從山脈流下。

放下手上的背包，像卸下重擔般地坐在椅子上。

一路上，蒙面戴帽臉上架著墨鏡，看著照後鏡的自己，是古代的刺客。行車途中隱身低調，戴著口罩不與人交談，墨鏡後是外人看不見的眼神，偶爾停車人煙罕至處，只為舒展一下僵硬的身軀，順便撒泡尿。買個中午吃食，拿出自由心證的通關路條，螢幕閃爍傳送。

刺客打扮？想到這，心裡苦笑，不過是過街老鼠，被抓到了得全國公審呢！

慶幸自己喝水不多，膀胱夠力，年紀不夠老，能不下車就不下車，趕路吧！

到達山邊的屋子時，我才鬆了一口氣，癱倒在椅子上，待稍微平靜了，拿出買的滷肉飯，免洗筷往桌上一插，塑膠套脫落，開始狼吞虎嚥地扒起飯來，看看時間，已經下午兩點了，這一路居然也花了許久時間。

屋子是金牌的祖厝，金牌自顧地朗朗談笑，逃難者卸下了武裝，從脫下蒙面的那一刻也跟著卸下了肅穆，金牌走了，我們留下來，吃飽了，終於可以往床上一倒，昏然睡去。

從來沒約定去花蓮的日期，可是敏感的我，也察覺出來了，天天泡著寫字唸書上網的咖啡廳是日式企業，服務員中規中矩拿出表格對著我矜持地笑：

「要麻煩您填一下姓名電話喔！」

已經每天量體溫噴酒精的，現在來這一套是怎樣？

從此，像進入森林洞穴般生活，蒐集了些麵條、罐頭、蛋、香腸、醃漬品等等，開始了原始獸居的生活，然後，決定東行，脫離臺北幽閉之城。

過了幾天整理老家的尋常日子，我走到家門口的庭院，看著滿眼的橙黃稻穗，每枝稻桿結了飽滿的穗子，稻葉齊頭聚首刺向天際，碧綠而筆直，怎麼會那麼尖呢？我問著稻子。

中藥裡的菖蒲，通心陽，因為形狀筆直而通天，服之，使人心穩定而暢揚，試著站在面山的那塊田邊，學著稻子，把兩隻手齊齊往上伸展，脊椎也直了，連日來的胸中塊壘，似乎真的被解開了，再轉轉脊椎，左右手甩開，肩膀也鬆了，山邊飄來的林木味道，涼涼的，還有些許竹子隨著微風擺動，發出咿啊聲音。

四月時我來看了一次，那時的太陽雖不強烈，但也有點耀眼，覺得山上的雲，慢慢地下沉，所謂的雲瀑嗎？我們想來這裡睡睡看。

年輕的時候，周圍再怎麼吵，也能像斷電一樣沈沈睡去，像沉入海裡的船，慢慢地進入夢之海，慢慢地下沉，沉到自然醒浮出海面時，已經過了半天時光，現在，船舶要沉不沉，偶爾半夜醒來，飄在茫茫大海中，無重力，也沒有航向，被動地等天明，他們說是年紀因素，也有說是住高樓，沒接地氣，所以睡不好。

種地之前得看土壤的肥美或貧脊，再決定種什麼作物，定居之前，也得把人放在土地上睡睡看，睡不好，景色再美也無能無力。

然而大疫來臨，幾個月後，突然升上三級警戒，促成這次「植人」計畫。

山邊的居民戶數不多，也甚少外來人口，彼此真的雞犬相聞，對於我們的出現，多是知道罷了，只是有時黃昏出去走動時，偶有女人站在溝渠，看似不在意的吹風看風景，實則在打量我。

我戴起斗笠，穿上長袖襯衫，套上雨鞋，進到老宅後方的園子，原來種了整齊的蔥、荇菜，是阿嬤耕種一輩子的作物，龍鬚菜橫亙在芭樂、枇杷樹中間，木瓜也結實累累，握著手中的小鐮刀，抓著雜草割除，趴在土地上，讓昏沉腦子放掉俗事，雜草間有小蝸牛，這是塊多樣而豐美的黑土地，從沒務農過的我，有種和大地連結的感覺，專心在草叢間，渾然不知一輛搭著棚子的電動車停在老屋前。

「哎！我是阿婆。」一道劃過寂靜山林的聲音，爆裂般的炸開。

我嚇了一跳，來了一個禮拜，從來沒被這樣的人聲驚擾過，鄉下蟲鳴鳥叫的聲音充斥耳邊，至多是偶爾經過的汽車或摩托車的聲音。

「喔！阿婆您好。」扶著歪倒的斗笠，手上的鐮刀還沾著草屑，從園子裡走過來問好。

阿婆對我的背景或許知道，也或許根本沒興趣知道，問也沒問。一場達三十分鐘以上的對話開展，喔！不，甚至連回話的機會都沒有，都是阿婆的一生經歷。

我呆立一旁，沒有辦法跟阿婆產生對話，阿婆也沒有問我問題，無意跟我對話，聽著阿婆一下臺語，一下國語，講的內容與我們沒有切身關聯，都是家族幾十年來的陳年往事，話題像電影影像般跳躍，阿婆自稱九十二歲，雙眼炯炯有神，我不解地看著她。

眼角瞄到隔壁的伯母走出家門，本想過來，但是發現內容太過複雜，到時不慎被牽拖下去，略感不妥，於是輕輕地後退，旋即踱步到圍籬之外，不知阿婆腦後有長眼睛，還是每逢開示就要帶到：

「我到的地方沒有三姑六婆，我一過去，那些女人就馬上不敢講話。」我看見伯母走過圍籬，閃身進去自家院子。

震耳的激烈蒼老女聲繼續響著，我看著後院的芭樂樹，本來雜草拔完，準備要給芭樂套袋的，結實累累的芭樂，剪去過長的枝條，清掉小而不秀的芭樂，留下大顆的，等天氣再熱一些，還要將黏蠅劑噴上板子，掛在枝條下，誘捕來吃芭樂的蚊蠅。

要說到何時呢？我想著。三十分鐘過後，終於聽出一些些家族的歷史事件，我有些好奇，這麼高壽的老人家，可以活得這麼久，一般說來，專家都會強調知足常樂，每天有吃有動，甚至抽一個小菸喝個小酒，也是長壽的秘訣。

可是這位生性精明頭腦清晰，講話不饒人的阿婆，卻是靠詳盡的記憶與她對家族的期許，來維持長壽嗎？我開口了：

「我還有工作要做，要去忙了。」說完等阿婆反應。

阿婆從往事的情緒中醒來，回到現實，突然不說話，佈滿皺紋的嘴唇緊閉，或許想到我畢竟是外人，又能如何？

阿婆手指抓著電動車的遙控桿，微微地，往前推動，那車子也緩緩地沿著水泥路，一顛一顫地滑進金黃稻穗中，消隱在竹林後。

經過一番震盪，原來的平穩都傾斜了，看著芭樂樹下，一堆剛才用剪子疏落的枝條跟葉子，還有一些小小的青果，回頭進屋裡，換上球鞋，拉開紗門，衝進另一邊美麗稻穗中。

正是黃昏時分，屋子在山的西邊，對面佇立著海岸山脈，我一邊踩著腳下朝向天邊的小路，一邊低頭看著自己的黑色球鞋，開始找出自己的節奏，每一個踏步，都在親吻著腳下的土地，汗水從額頭滲出，鼻尖開始冒汗，喘息著，用力地吞吐稻田裡的空氣，稻穗沒有味道，聞到的，是白日燠熱空氣殘留到黃昏的熱，吐出的，是憋屈在情緒跟身體，以及心靈中的千思百慮，像鎖鏈纏著我的恐懼。

是逞罰自己？還是負氣發洩？是擺脫桎梏？還是與大地融為一體？

我再往前跑，遇見了一位阿公，瘦瘦小小的，戴著斗笠，長袖長褲，膝蓋上綁了兩塊簡單的塑膠袋，跪在排排植物叢裡，跟他打了招呼，阿公顯然已經知道我們的到來，山邊沒幾戶人家，進出都不是秘密。

「你是哪裡來的？」阿公問我。

「臺北。」這兩個字說出來突然變得困難，彷彿成了一個原罪，疫情最嚴重的地方。

阿公完全不在意，那麼遠，只是一個名詞，帝力於我何有哉？

跟阿婆完全不同款。

阿公說他年輕時就住在這裡囉！好久好久了，算算已經第四代囉！看著矮小的阿公坐在溝渠旁的石垛子上，精神真好，臉上沒什麼歲月的刻痕，講起以往都是淡淡的，我笑笑的跟阿公說：

「我要去走路了。」

繼續往山邊田埂走去，在這一切靠軟體交流的時刻，人人都有可能是病毒宿主的恐懼中，仍然有一種單純的喜悅，海岸山脈的雲，降落在溝渠上，像一條白龍，橫亙地表，那是颱風輕輕掃過東部後，留下擺尾的痕跡。

脫下口罩，方圓百里無人，只有田埂邊的一期稻作彎著頭看著我，看著白龍，嘴角往旁邊揚起，問白龍，白龍答：

「我是雲，也是白龍。」

無人的落日黃昏，坐在田邊的小徑上，看著白色的雲霧飄在山頭上，隨著時間，一點一點的往下降，在理智與瘋狂的邊緣，遁入田間。

往下臨水一看，彷彿坐在白龍身邊。

異次元小路

山腳下的日子寧靜無事，夏日驕陽，光是往門前的晒穀場旁種植的長豆棚上，掐一些長豆回來煮晚餐，就能晒得一臉黑，剛來時，因為不了解東部的太陽，正午從鎮上騎腳踏車回來，騎到一半，只覺得家的距離怎麼那麼遠，口乾舌燥，心跳加速，在樹下休息一會兒，才能繼續上路，到家才發現，快要中暑了卻不自知。

後來學聰明了，做事得趁一大清早，五點多太陽升起，那個微微的天光，異常乾淨明白的照在樹梢，約莫九點多，隨著日頭漸往中天移動，開始退回室內，收拾家務，十點以後，就如氣象新聞所說，必須注意日晒。

此後到下午四點半的時間，就是看書、吃飯，或許看個新聞，再泡個薄荷茶，潤潤乾燥的喉嚨，或做個青草茶，清熱消火，睡個午覺，四點半後，就是出發的時間。

通常我沿著門前的路，傍著腳旁的田間稻作，開始散步。沿著水聲而行，慢慢抵達山邊的一框獨立稻田，田邊種植幾株翠竹，微微涼意的山風吹過來，稍微紓解一日暑熱，這塊地特別獨立，位在靠山又比較高的位置，水質清澈，稻子貼著小路，蹲下來就近在眼前。

記得六月底的時候，一期稻穗正成熟，金黃飽滿的稻穗長滿整片稻田，一片片翠綠的稻葉刺向天空，筆直毫無懸念的，像哨兵一樣警覺的立正站好。此時已是七月，一期稻作收割，二期稻作正在準備的時刻，田裡聚集著小小的秧苗，收攏在角落，水源已開，遠在天邊的溝渠水聲隆隆，山水源源不絕的注入田裡，黑色的沃土，是絕佳的大地圖像底色，田裡的水像鏡面一般，映襯著天上景象。

這兩天颱風輕輕掃過，雲層極低，橫亙在海岸山脈與中央山脈之間，像一尾定格的白龍，俯視田野，準備俯衝而下，我踮一下腳尖，真能爬上白色坐騎，出海朝望太平洋。

繼續往下行，山腳下陰濕的感覺濃厚起來，山林裡散發的陣陣森森濕氣與泥土味，慢慢沁入心脾，天上地下蒸騰的暑熱，在這下午五點的時刻，化成了雲煙，竹林旁的風搖進身體每個毛孔，像紙張被燃燒而綣曲的身體，此時慢慢地濕潤，舒展開來。

每年的七八月，我總要上一千公尺以上可以消彌熱氣的高山避暑，大雪山、阿里山、司馬庫斯、武陵，雪霸等等，住上一週，在微微的濕度，沁涼的溫度中攀爬步道，縱使流了一身汗，也很快就乾了，森林裡釋放的芬多精，更是提神醒腦的良方，如今，在山腳下，終於能得到一點相似的感受。

我望向四周，只有一片片的稻田，無際的阡陌上，渺無一人，身旁是種種野生植物與麻雀、白鷺鷥，我且停且走，路上出現兩排咸豐草，高度及膝，開著朵朵白色的花，燥熱的七月，唯有山腳下有微微的濕土，那是前一天下雨，未被驕陽晒乾的痕跡。

蝶出現了，全身黑，兩翼帶有橘紅火球的蝶兒在吸吮著地上的水，翅膀一搧一搧的，我轉身，看到咸豐草的白花上，停留一隻黑中帶靛藍色的蝴蝶，這裡的蝶種真是豐富，入目皆是美麗的鳳蝶，仔細看，仍然有些白色粉蝶迴旋其中，我佇立不動，只觀看，不想驚擾牠們，卻回想起日本宮古島的蝶道。

那次旅行，完全不做功課，憑感覺行事。同行友人是個對能量敏感的人，據他說，只要在島上靠近海岬之處，能夠感受到很多訊息，我沒意見，純粹放鬆，在沖繩住宿幾天後，我們搭機來到宮古島。

宮古島島小人少，幾乎看不到什麼人，我們準備行往岬灣，中途在一個女子經營的咖啡店裡吃了咖哩飯跟黑糖奶茶，開放的店周邊充滿植物和露天的桌椅。

吃完飯，我們繼續前行，那個遠處有白色燈塔的地方。

我們遇見了一條路，讓我一生難忘的路。

兩旁的樹林夾道，道路上長著半個人高的大花咸豐草，白色的小花夾有黃色的花心，由於緯度的關係，宮古島與臺灣鄉野的植物景象相似，但不同的是，在樹木的籠罩下，我們看見的，卻是成千上百的蝴蝶，在無人干擾的花道中，形成了一個美妙的蝴蝶生態。

那蝴蝶，有白色、有黃色，也有白中帶著黃，也有黃中帶著白，我看不出它和臺灣的蝴蝶有何不同，我常去新店的內洞，那兒有許多蝴蝶，大多是鳳蝶，顏色鮮麗且大隻。

或許是人跡罕至，我們的闖入並沒有驚嚇到牠們，只有在我們徐徐經過的時候，牠們稍微閃開，我們則是驚訝於這麼壯觀的景象，我們時而停留，看著蝶兒們在我們頭上眼前手邊腳下翩舞，牠們對我們毫無興趣，自顧地採食花蜜，甚或吸著地上的水分，我們則是寧靜而歡喜地看著牠們優美自然的姿態。

在自然裡，一律平等，你走你的路，我飛我的道，在互相凝視中，兩相忘卻，人非人，蝶非蝶。人亦是蝶，蝶亦是人。

這蝶道約莫有一兩公尺長，我們站在蝶道的中央，誰都沒有舉起手機拍攝，怎麼拍？那如霧一般的蝶群，捉摸不得，只有近距離拍牠們停留在花上的姿態，友人把手放在停在路上的白蝶旁，那蝶居然就吸附在他的手上，久沒離去，他緩緩地把手舉起，蝶兒也不走。

「你必定是花，蝴蝶總是尋找牠的前世。」我說。

他笑了，歡喜地接受花與蝶，蝶戀花的比喻。

「這裡的蝶，保守估計有一千隻以上。」他說。

或許，那躲在草叢裡，隱而不現地，在枝葉後面夾翅吸蜜或歇息，以及，像霧一般難以計數的蝶兒們，都在看我們如何穿越這條牠們的道路，我們流連在這短短幾公尺的蝶道中，忘了要去岬角的目的，也許根本沒有目的，就只是在宮古島上，慢悠悠地晃蕩。

最後，我們慢慢地走到岬灣處，躺在三月天無人的草地上，享受島嶼上方還沒炙熱的溫暖陽光。

然後，我又站在這條如時空交疊的道路上，看著過往如電影般回放眼前，過去現在未來都在同一時空發生，你以為的過去其實就在這一刻展開，你以為的未來，也在這一刻徐徐走向你，這是哪兒呢？

我已經走到山路小徑的盡頭，山壁上有一叢火龍果樹，開了許多白色的花，火龍果樹的枝椏，像一幅幾何圖形的圖畫，貼在山壁上，頗有畫家常玉的風格，黑牆綠枝白花，在這恍惚的時候，靜謐的小徑上惟我一人，有一種徹底的解脫感。

多少人在這個時代講究放鬆，禪坐、靜心、正念、芳療、太極，法門無數多，都在說一件事，如何能在眾聲喧嘩中，面對自我，那個眾人眼中的我，還是你自以為的我，還是千百劫在記憶中流轉，不時會跳出來的問號，生為人，所為何來？

沒有同類的這一刻，會不會才是最放鬆的時候？

我站立在這山腳下，靜靜地聽著大地的聲音，望著田裡映照的天上的雲，聞著兩旁白色月桃花的香味，夕陽的金光，鑲在田邊一排小草上，散發出整排光芒，尖尖的光芒像一排冒著光的蠟燭，忍不住蹲下來，看得癡了。

摘掉頭上的帽子，任一頭蓬鬆頭髮亂翹，讓頭頂感受山邊的陰涼，也像摘掉了世俗的眼光，開心地在田埂上蹦跳，不由自主的哼起了歌，記不清是哪首曲子，一隻手還在腿上打著節拍，如果有所謂放鬆，那應該就是回到小孩子的狀態，天真的自然。

就這樣一路唱跳回家，透過一個在高地上整地的男人的眼角餘光，我稍微收斂了一下，跳過那人的視線範圍，我又回復手舞足蹈的樣子，回家，回到自然原始的狀態，就是回家。

而那離離落落的一段通往異次元的幽美時光，唯有蝴蝶看見。

鄉野異語

早上，挑高的屋頂明亮，白色的牆壁，紅色的地磚，加上屋前大大的晒穀場，阿嬤稱之「操場」，有高大樟樹與桂花樹及樹葡萄的前院，還有種了許多果樹的後院，生氣盎然。

倚靠的山呢？我踏上屋後斜坡上去，是兩戶破落無人居住的屋舍，沿著小路蜿蜒而上有一排住家，再沿著柏油路而走，就是零散的屋子，我總要回頭觀察，看看我們的屋子位置是否太顯眼。

騎車到鎮上有兩條路，一條是沿著田中間的大路，騎到底右轉就進鎮裡，一條則是我的散步小徑，有閒情逸致時，我就走靠山的小徑，路小、起伏多，但是植物蝴蝶樣貌豐富，最重要的是，它很像哲學之道，毫無人煙。

回家時，沿著榮總外圍，過了鐵路通道，進西邊街，過玉里神社入口，這邊的狗還算乖，不會追著腳踏車跑，一路上坡，到了源城里，有條通往山的小徑，我騎進去溜溜，是原住民部落，花木扶疏而質樸，轉出來往橋上走，左邊是一個涼亭，總有原住民們在那兒聊天納涼喝酒唱歌，非常愜意，騎上橋放慢速度，橋下是長滿雜草的無尾溪，溪水不多，倒是草比人高有莽莽之氣。

此時有兩條岔路，左邊下坡進入田中間路，右轉走花68縣道鐵馬自行車道，都是柏油路，左邊可以俯瞰良田，一路下坡，平時根本無車，有點像在日本四國走遍路時的一個山徑，柏油路上嬌青的苔綠鋪地，樹也秀美，最棒的是一輛車也沒有，我們行走在上，彷彿著這條路是專為我們所造，那麼清幽好走，還能邊走邊玩。

這兒就像遍路心情，有點小飆車的快感，快到家左切下陡坡，先經過康嬸的家，她家養了一群鵝，柚子樹大得像傘蓋，每年中秋前熟成的柚子掉在路上東一顆西一顆，無人撿拾，真是澎湃。

這是縱谷的早晨，陽光充沛，能量滿滿。

晚上，山裡一片漆黑，家裡除了客廳開燈，其他地方也是黑，剛住時，上廁所時有點怕怕的，尤其到了睡覺時間，我實在沒膽一人去睡，總要等阿薰一起入睡，老夫老妻幾十年了，居然此時感情變好了？其實是膽小所致，睡前有靜坐念經習慣的我，此時卻只敢躺平，讓被子包覆我才能稍感安穩。

這情況持續了三個月，直到我的佛法師父跟我說，怕是因為敏感，若唸心經，再把心經的功德迴向給無形眾生，也是件好事，甚至，這個功德可以轉化成保護你的力量。

我想也對就照做了，每天睡前做好的功課，就給我山邊的「好鄰居」吧！

有天，我從西邊街騎車回家，路上看到左邊有條路：

「或許也能回家呢！」

喜歡探險的個性又冒出來了，於是，我慢慢地繞進彎曲的田埂，下坡進去稻田間，騎到盡頭竟是農家屋舍，我又退出來，回到西邊街，此刻，夜色即將來臨，不是才進去探勘一下嗎？居然就要天黑了？

我有點緊張了，因為車子沒有車燈，於是選了「異次元之路」想快點到家，只是小徑沒有路燈，我小心翼翼的騎在高低顛簸的小徑上，大白天時山徑無人好玩，然而此時的山徑幽微，有時因為我的經過，暗處突然發出嘍的一聲，嚇了一跳，天色越來越暗，想騎快都沒辦法，路旁長出來的狗尾草隨風飄搖，偶爾我還會撞到過長的雜草，恐懼的心情陡升。

「請你們要保護我，安全抵家。」我想到師父教我的話。

此念一出，好像心沒那麼急了，專心的騎過陡上陡下的那段路，沒多久，看見家屋在前，我騎上晒穀場，夜幕低垂，阿薰已經在門口等待，他以為我出事了，再晚一點就要來找我了。

這件事後，忽然覺得可以安心，不知道從哪天開始，時間到了，自己可以進房裡睡覺，又過了一陣子，臥室成了我最放鬆休息的地方，我想，某方面，我已經融入山神統領的世界。

另一次是在臺北接種過兩劑疫苗後到玉里，晚上跟王老師喝了咖啡，第二天，我騎車出去晃蕩，此時五月底，水稻剛要揚花，青澀的穗枝收攏著，旁邊長出一些小小的米色稻花，蜜蜂總是第一個知道，在花旁飛舞，如果夠安靜，可以聞到稻花隨著風散發一點點的清香味。

這塊田位居水源的上方，由於地勢較高，稻子就在我的腳旁，我常常走路到這裡時，會呆立一陣子，除了沒人經過外，往後看去一望無際，邊界就是海岸山脈，我停車把車架好，掏出手機蹲在稻子旁邊，專心地欣賞那細小白色的花，清新乾淨如初生的嬰兒。看了好一陣，開始拍花跟蜜蜂，正在專心拍著，突然，有「人」在我背後「啪」的拍了我的背一下。

早上十點半，太陽當空，我凝神稻花上，聽到那聲「啪」，此時我稍微頓了一下，卻沒用直覺去回應那個拍背的動作，因為這種力道唯有大如鳥類或人類才有，此時此地，「不可能」有鳥類或人類接觸到我，無風無人無聲無息，我鎮定地照完了，慢慢地悠悠地轉頭，背後，與我來時一樣，是腳踏車，車旁是水泥垛子，垛子上是一塊海邊撿來的石頭，再過去，是一望無際的稻子，那一拍……

由於這一拍，我決定不再待在原地，起身騎車，就在騎上車的那一刻，突然覺得好累、好疲倦，炙熱的太陽在背上晒著，身體卻有一絲冷意上來，不管了，還是直接去鎮上吧。

然而到鎮上沒多久，我覺得身體越來越不舒服，骨頭痠痛之外，覺得越來越冷，顯然是感冒了，回到家只想往床上躺著休息，從這天開始，我確診了，開始過著像被卡車撞過、不想吃喝、昏睡三天的日子。

那個拍背，後來我覺得確實是有的，因為我非常的專注，專注到可以感受周邊細微的變化，那一拍，是病毒的招呼嗎？中醫理論，風寒滲入體內僅一瞬間，那是病毒從我的風池、風府穴進入的聲音？

「嘿！就是你了。」帶著皇冠的病毒小飛飛，在我專注看花的時候，也專注的看著方圓百里無人的，唯一的宿主，我。

日後跟王老師確認，他在聚會前後都沒有確診，這是我的鄉野異語獨白嗎？還是與異次元時空的巧遇碰撞？

山中潑猴

住在山腳下水源邊，每天走出家門，總會聽到轟隆隆的水聲，從山上的高處，流洩到路旁的溝渠，那水都是清澈的，水量大的時候，光是聽水奔流的聲音，都能消去幾分暑熱，而山邊居住，最常感受到的，是那些你看不到卻聽得到的動物。

剛來居住時，晚上睡覺，總會被屋頂跳動的聲音給震醒，我們的房子是挑高設計以應付花東夏天的驕陽，屋內的溫度就不會太高，但是，動物在屋頂跳躍時的聲音產生共振的放大效果，半夜醒來，總是懷疑是誰在屋頂上活動？

我猜是菊兒養的流浪貓，問了菊兒，她說不是啦，是山裡的飛鼠，晚上飛鼠會下來跑，或者是猴子呢？我想。半夜不睡的夜行動物，跑到山下來玩玩走走，找找吃的，也是有可能，猴子就不大可能了，畢竟，猴子不是夜行性動物。

黃昏時總會到山邊的小路散步，每次經過竹林，除了聽到竹林被風吹過產生的嘎嘎聲，有時，那嗖的一聲，總會讓我疑心，有動物看到我快速躲藏逃走的感覺，是松鼠？還是猴子？地上的草也在動，或許是蛇？

人類的眼睛不夠犀利，永遠不知道躲在低處或高處的那位生靈，是哪位？

直到有天下午，我在後院整理，那些除之不盡，春風吹又生的咸豐草，像在笑我才勞作完又不得閒，就在我拔了一半雜草，抬起頭來看看，後院幾顆木瓜樹上結實累累，雖然不是太漂亮也不夠大，總是讓人期待，只是不如隔壁伯母家，她家木瓜樹結的木瓜，那可不是我家能比的，又肥又大又美麗，我羨慕地往她家樹上一瞄，啊……

一隻那麼端正漂亮的淺毛猴子，身形不動的坐在伯母家後院的木瓜樹上，兩隻腳盤著樹幹，一雙又大又圓的眼睛，直勾勾地看著地面上，正低頭巡視雞籠的伯母，伯母的一舉一動都在牠那雙法眼下，而這隻雄赳赳氣昂昂的猴子，為了不讓伯母發現，全身不動的抱著木瓜樹，唯有那兩隻手，正扭著一顆好大好漂亮的木瓜，慢慢地轉動著，想把木瓜轉下來。

地面上的伯母渾然不覺高處那隻猴子正在偷她的木瓜，那猴子也沒發現隔壁的我，正在看動物星球頻道一般地盯著牠看，我只能說牠好眼光，我家木瓜長得真的不夠肥美，吸引不到牠，但也很好奇，牠要怎麼把手上的木瓜給摘走。

而我根本沒有呼叫伯母的念頭，因為我連猴子都很少接觸，遑論怎麼對付，又如果年逾九十歲的伯母，被我一呼喊，急了，做出驅趕潑猴的動作，被攻擊或是跌倒了，都不是好事，只能呆呆地看著猴子偷木瓜。

這隻猴子真的比人還聰明的感覺呢！牠一雙眼睛明亮極了，眼皮也不眨一下，只見牠兩隻小手不停地旋轉著木瓜的梗，我想到小時候，那些很頑皮的男生，在對女生惡作劇的時候，也是可以假裝什麼事都沒發生，卻早放了一隻死青蛙在女生的座位上的樣子。

伯母彷彿看到牠了，開始大聲地罵猴子，怎麼有猴子來啦！還來拔木瓜，一時之間，人聲鼎沸，所謂「沸沸揚揚」應該就是這個意思，住在伯母隔壁的菊兒也聽到伯母的呼喊，衝出來開始大聲地罵潑猴，那猴子已經摘木瓜到手，抱著木瓜一轉身跳飛而去，幾下子奔跑，就鑽進山林裡，看不到蹤跡。

習慣對付趨近的野生動物的鄰居們，除了大聲斥喝驅趕潑猴，菊兒還把家裡的鍋蓋拿出來，把兩個鍋蓋互相敲擊，她兒子也拿出鑵子鍋子，乒乒砰砰，發出好大的聲音，這還不打緊，菊兒家養的狗小黑，也加入驅趕行列，大聲地朝潑猴遠去的地方吠叫，雖然猴子已遠，但是，

「不能讓牠一直來偷東西吃。」菊兒說。

或許是山上沒什麼東西可吃了，猴兒才會下山來偷木瓜。野生的果子，總是比農夫種的小，有時看見後院葡萄藤架上攀爬過來的藤蔓，總是悄然無聲地佔據了原本空蕩蕩的架子，反倒是葡萄藤有氣無力地攀著，某一季看它欣欣向榮地長出綠葉，心裡覺得歡喜，可總也不結葡萄，又枯了。

那些不知名的藤蔓遂慢慢壯大，又結了小果，直到出現小果實的樣貌。

「啊！是山苦瓜啊！」

那青綠色又凹凸不平的表面，漸漸透露出它的身分，可是真的是瘦小呢！也不會比百香果大，就開始泛黃熟成，這樣的果子，又苦又瘦，猴子是不吃的吧！

還有田埂邊一棵好大的樹，從來不知道它的身分，直到有天走路閒晃，

看到一地的小蓮霧，粉粉白白紅紅綠綠地，或新鮮或已爛的吊在樹的周邊，抬頭一看，哇！整棵樹都掛滿鈴鐺般的小蓮霧，一掛掛地結果，這棵沒被農人疏果的蓮霧樹，可能果子也不會太甜，我跳起來，抓住最靠近的一顆，拿到袖子上擦一擦，嚐了一口：

「嗚！的確酸澀。」

四處瘋長的植物們，在天然的環境裡，經過自然界的風吹雨淋，能夠憑藉一己的本事，開花結果，繁衍後代已經不容易了，要再長得甜美可人，那是老天爺不可多得的厚愛，怎麼能叫猴兒不垂涎伯母家，細心照顧的肥美大木瓜呢？

為了貫徹驅趕政策，菊兒買了鞭炮，站在山跟住家邊境之處，放了一堆鞭炮，砲火猛烈，真有戰火隆隆的感覺，這還不夠，又牽著家裡的小黑，一路往山邊繞去，小黑一路狂吠，這下子，猴子應該再也不敢來了吧！

看看我家後院的果子們，枇杷青黃不接，芭樂也非產季，木瓜也不肥美，絕對不是猴兒的第一首選，所以半夜跳到我家屋頂的，應該只是路過的猴子，甚至也不是，就讓它繼續跳吧！

一起去做某件事

山腳下往右走，是一片水圳流過的良田，穿過邊際可以接臺30線道，原本鄉野草叢景致一變，成了少有車輛的柏油路大道，一眼望去是兩排高聳如雨傘狀的小葉欖仁，道路乾淨美麗，我偶爾會騎著腳踏車在這片林蔭大道慢悠悠地晃著，沒人沒車沒噪音，也是我的祕密大道。

這裡一直下去就是長良，發現還有比我家稻田景緻甜美的地方，長良人更少，烈日照耀在剛被犁田機翻起的黑土上，簡直是渾然天成的攝影作品，往左進長良上大橋，橋上獵獵風吹，橋下比人高的野草襯著溪流，遠方是幾棵檳榔樹，那麼巧的，幾朵雲就飄在樹梢。

繼續往臺30過去，進入玉山國家公園，看看南安瀑布，在旅遊中心外面坐坐，幾位原住民姊姊們在戶外的涼亭下聊天吃小蕃茄，一會兒郵差弟弟來了，大家招呼他吃水果，他也開心的落座聊家常。旁邊是玉山腳下的第一塊田，金亮的稻穗，偶有網美穿著大紅色洋裝取景，此時無人，也不想下去拍，咱們家的就很美了，這裡就留給觀光客吧！

臺30的終點，就是我們今天的運動路線，瓦拉米步道，日人以其音稱「蕨之路」，其實是源自布農族語——「一起去做某件事」。

天氣好的時候，我們希望一週能來這裡一天，常接近我們的護國神山之外，這步道人少安靜，許多植物靜靜的生長，也是條好走的路徑，加上離家近，一早起床趕緊蒸了包子，帶壺水跟幾顆橘子上山去。

停好車，路口偶爾會有一位瀟灑性格的大哥吹笛子，興起也會唱歌，有些我沒聽過，他總是自得其樂，我們散步一段進入美麗的綠色吊橋，聽朋友說，十多年前他們來時還沒有這麼堅固的吊橋，樹林裡猴群很多都不怕人。

過了吊橋下去是山風瀑布，陡下，看著白花花的瀑布沖下溪谷，坐了一會兒，起身繼續前行，過山風一號吊橋，旁邊的山壁長了許多株細細的蕨類植物，斷斷續續的山水沿著山壁下來，經過蕨草們細細的葉子，像一串串的珠簾，偶有枯萎的姑婆芋葉子吊掛在黝黑山壁上，橙亮的黃色竟然有裝置藝術的感覺。

冬天來這裡，槭樹葉子變黃了，路徑上鋪滿了落葉，踩在上面像踏上花色地毯，一路上沒人，在雄偉的山脈上行走，不同於低海拔郊山，整座山的能量非常厚實篤定沉穩，山風怡人涼爽，隨處一坐，擦擦汗欣賞一下樹木的姿態，若是晴天，太陽照在溪谷山頭，只覺顏色多變，配上藍天，顏色飽滿。

走到山壁開鑿的地方，那是一條貼近身體的路徑，斧鑿痕跡清楚的雄偉山壁，就在身旁，芒草從山壁上竄出，偶爾拂到臉上，若是前幾天下雨，山壁仍然有水滲出，我最喜歡看著前方的人影慢慢地走向盡頭，盡頭是個轉彎，小徑前面就是空中白光，再踏過去、再踏過去，一步，就要進入人煙稀少的結界，是另一個時空。

這條步道常因颱風坍方，也是通往臺灣黑熊棲息地的重要步道，我們走到佳心駐在所約莫中午，拿出早上帶的食物跟水就地解決午餐，這裡有遍地的紫花藿香薊，也有顏色濃綠形狀優美的松，我脫了鞋躺在一方長椅上，看著快要頂天的樹冠葉子，它們背襯藍天白雲，像一幅美麗的幾何圖畫，閉上眼睛，躺著躺著也就睡著了。

平日人少，是我們的後山私密步道，只要不下雨，我們就會來，除了練體力，也是欣賞山色的好地方，休息好下山，在山徑上設有石椅的地方又遇到吹笛子大哥，聊起天來，才知道彼此是鄰居，他十幾年前從臺北移居過來，他說疫情期間瓦拉米步道根本沒人，有空就帶著笛子，坐在這裡，看著開闊的群峰，吹著自己創作的曲子，怡然自得。

下了山若是肚子還覺得空虛，去鎮上的素食店吃盤炒粿條，店主是早年到臺灣唸大學的馬來西亞華僑，現在已經成家立業，孩子也都在國外發展，他炒的粿條真是一絕，細細的粿條絲絲分明絕不黏糊結塊，蛋花略帶焦香，豆乾炒過還軟嫩彈牙，豆芽清脆，這等廚藝可不是一般，他非常爽朗，總是笑兮兮的，而且有生意人的頭腦，腦筋非常清楚，反應也很快。

我曾經跟他請教廚藝，起先稍待保留，但是去的次數多了，他終於說了。炒粿條千萬不能加水，加了水的粿條失去本身的彈性就變得糊軟，一點都不好吃了，只消先用油炒，再加豆乾下去，然後加入打好的蛋液，不用網子篩，淋下蛋液繼續炒，然後加醬汁，最後把青菜豆芽丟下去，再翻炒兩下就可以起鍋了。

從頭到尾沒有特別的技巧，鍋具也就是炒鍋跟鍋鏟，唯一的訣竅就是，不停翻炒。

這盤香Q的粿條，不但帶有炒鍋的鑊氣，又保有食材的彈性與原味，細細品嚐，每一口的滋味都保持一致的好，吃完再吹個冷氣，爬山的累都徹底釋放了。這時……如果能喝上一杯咖啡就更美了，我吃飽卻沒喝足地問老闆，為何不放個咖啡機賣咖啡？他說沒那個時間，再聊個幾句，我們冷氣也吹夠了，也該起身走了。

有陣子我們在臺北稍久，回來爬了步道，又出現在餐廳吃炒粿條，或許是太久沒看到，或許是聰明敏銳的老闆感覺到我們可能要離開玉里了，聊過天吃完餐點，他眼睛一轉，從廚房端出兩杯用馬來西亞錫杯裝好的咖啡，請我們品嚐，我們驚訝極了！情深意重地將咖啡喝完，我說，老闆這咖啡一定要給錢，除了謝謝他的招待外，我加了一些錢結帳離開。

沒想到他穿著拖鞋追了出來，硬把錢塞進我的包包裡：「不用不用。」他大聲地說：「真的不用錢，咖啡是我請你們喝的」。直到我們上了車，他才回餐廳。

我常覺得讓人重回舊地的理由，也就是爬過的山、走過的那幾條街道，跟幾個人一起做了某件事的記憶吧！

冬日暖泉

神山腳下的冬天時光，若是天氣晴朗，太陽光就像暖暖的遠紅外線，毫不保留地將它的熱力傳到每個人身上，一件短袖罩著薄襯衫就剛好，無論是爬山、種田、騎車、徒步是戶外運動的好時機，眼前每株植物都散發出最豔麗的原色，青綠油亮的芭蕉葉，紫色濃烈的立鶴花，漸層的粉紅色菊花飽滿地在眼前跳躍。

美麗的南花蓮一旦碰到寒流來襲，威力更甚其他地方，若加上下雨，這時瑟縮在客廳，寒意從門縫進逼，穿上厚厚的外套還嫌不夠，冷到直想拿被子裹在身上，睡覺時也要全副武裝，帽子毛襪毛毯棉被一應俱全，恨不得整天躺在被窩裡，但是老天爺很眷顧玉里子民，給了冷冬時絕佳保養兼休憩的所在——溫泉。

安通溫泉以「安通濯暖」成為花蓮八景之一，一九三〇年日本人在此與建警察招待所，設有公共浴場，現在還留有當時木造的日式房間，住在臺北時，北投跟陽明山溫泉都是我們的心頭好，到了玉里，更要好好享受這不算遠的有名溫泉。

我們常在下午開車前往安通溫泉，一路上已經有串串燈籠標示溫泉季開始，山路沒車，青翠的樹木在路的兩旁，在幽靜的山區泡溫泉是一種享受，除了放鬆筋骨，去除寒冷，更是拋開日常瑣事的大好時光，表示今天不必除草、不必煮飯、不必在浴室就著暖燈急速地脫衣洗澡。

地方上把溫泉設置得很好，溪邊溫泉流過處冒著陣陣熱煙，想泡腳的人可以脫下鞋襪，淺泡即止，坐著聊天也挺好，真心想泡溫泉的人，上方有兩窟空池，只消換上泳衣泳帽，將水龍頭打開把水蓄滿，就可以好好地在冰冷的冬天泡上一池暖泉，戶外溫泉的好處是就著兩旁的山谷，細細地把山景攬進眼底，想休息的人閉上眼睛，讓熱呼呼的溫泉溫暖冰冷的手腳。

由於常泡的關係，我們乾脆買了飯店的泡湯券，疫情期間賣得便宜，在大眾池裡，泡過溫泉後再泡泡冷泉，讓水流衝擊痠痛的筋骨部位，累了躺在熱石板上，常常就著檜木枕頭睡去，醒來了再去泡溫泉，身心徹底放鬆。

去的次數多了，常常碰到一位八十幾歲的老婆婆，總是非常緩慢地從我身邊走過，剛開始怕她滑倒，視線常跟著她，後來聊天才知道，她住臺東成功，兒子每隔一天就帶她來安通泡湯，哇！我說，真是不簡單，這麼好福氣，有個孝順的兒子帶媽媽來泡這麼好的溫泉，她聽了開心地瞇著眼笑了。

也有碰到住在長濱的朋友，他說小時候全家大小都會來安通泡溫泉，一處地方有一道溫泉，暖活了那一處的人們，那處地方的人們，必然也因為這道溫泉，載滿出各種不同的回憶吧！

回憶起泡過的溫泉，北投溫泉泉色黃白充滿硫磺味，溫泉又分青磺跟白磺，白磺泡起來厚重，青磺則是帶有微量的鐳元素，是世界唯二帶鐳的泉質，另一處在日本玉川，對疾病能起到療效，泡青磺泉時四肢會有微微的麻刺感，據說對神經痛特別有效。

知本溫泉則是透徹輕盈，泉質滑而溫潤，泡過後往皮膚一抹，滑溜溜地若美人膚質，叫「美人湯」，臺南關子嶺溫泉，顏色濃郁乳白，精華在伴隨泉水流出來的火山泥漿，曾泡過接近源頭的溫泉，往池底抹出一把濃黑泥漿，敷在臉上，完勝市面上任何面膜。

還泡過冰島的米湖溫泉，那一大池藍色仙氣的泉水連著遠方毫無邊界感的池子，彷彿連到荒草不生，亙古蠻荒的遠方，遊客們安靜地在池裡，享受極地冰冷世界的最大溫暖，戀人們像鳥兒般，一對對安靜地依偎著。

當我們走四國遍路時，在高知縣這個修行的道場，最開心的是當天到達寺院宿苑後，放下背包，在晚餐前的時段，我們先去浴場梳洗乾淨，那天只有我們一組客人入住，整個宿苑無人，我先用冷水沖洗疲憊的雙腳，讓充血跟腫脹的雙腳收縮後，再洗身，泡入溫泉大池裡，連日來背著背包的肩膀，像馬一樣行走不斷的雙腳，風吹日晒雨淋的疲憊，都在這一刻放掉了，閉上眼睛想著，行腳人的肉身再怎麼苦累，總有一處溫泉能接納人生所有的顛簸！

而咱們安通溫泉有著小美人湯的特質，稍有硫磺氣味，又位在溪畔與山谷間，冬天下著絲絲細雨時，泡著滾熱的溫泉，看著因為雨天洗過塵埃，襯著山嵐的山顯得飄渺，間有變成黃色和紅色的樹葉點綴，氤氳的熱氣在眼前渺渺冉冉，特別有幸福感。

泡完溫泉身子暖了，喝了熱茶補充水分，卻覺得肚子一陣空虛，驅車前往鎮上吃好吃的，我們喜歡一家名聲不大的臭豆腐，雖然是外籍移民掌廚，但滋味也很好，這裏臭豆腐跟臺北的不同是，醃漬的泡菜除了高麗菜外，還會加上九層塔絲與蘿蔔絲，澆上醬汁，就著炸得脆脆的臭豆腐，除了提升臭豆腐的滋味外，還吃得到九層塔的香，搭著蘿蔔的清脆爽口，滋味非常好。

晚上跟金牌的同學王老師碰面，他應該是第一批返鄉青年吧！他對咖啡情有獨鍾，從挑豆烘焙到煮完一杯咖啡都有獨特的手法，能喝到他的自家咖啡真好，我們坐在他家餐桌旁看他沖泡，老師會問老學生們喝出咖啡裡的什麼味道？是巧克力味？紅酒味？蔓越莓味？我們喝在嘴裡，也激發味覺的感官，通過記憶，感受到各種食物的原味，是一堂感官之旅。

第一代返鄉青年帶著我們去找第二代返鄉青年，他領著我們去他學生明忠的「九日良田」咖啡廳，那是他和夥伴 Amber 一起創業開設的，男生是玉里長良人，圓圓黑亮的眼睛，個性大方又活潑，師承老師沖咖啡手法，絕不馬虎，女生專長是甜點，看她一雙巧手做出深色帶金箔的羊羹，搭配美麗的湯匙，入口即化，甜而不膩。

甜點與咖啡就像他倆，絕妙好搭。

我們吃得腹肚飽飽，心滿意足後回家，世間瑣事皆不擾，包括已經很少的line，桌上那本看了很久都沒翻頁的書，沒開伙的廚房也就不用洗碗，乾乾淨淨，操場籬笆裡各色花木皆有姿態，偶爾傳來幾聲狗叫聲，窩在家裡，就著一盞黃色檯燈，度過冬夜。

到神山腳下來找我

我曾經瞥過天堂的樣貌，在蘇梅島的國家公園沙灘上，看著晶藍海水，忘了許多年輕時自以為的煩憂，秋天的夜晚，在西班牙的托雷多古城，我們在酒館裡喝雪利酒吃著pasta，以為享受生活不過如此，在紐西蘭靜止如畫的湖邊，看著紫外線下強烈的鈷藍色，就是天涯了吧？在日本四國的遍路上，負重行走，行過田野中紅如火的曼珠沙華花叢，以為彼岸到了。

隨著年齡漸長，我才發現，天堂都是瞬間即逝，留在吉光片羽的那一個當下。

我在山腳下，每天看著海岸山脈的雲，隨著時間與氣溫產生變化。早晨，泡了咖啡蒸了芝麻饅頭，往鋪著大花塑膠桌布的餐桌一坐，窗戶成了一方風景，昨夜若是下雨，清晨的太陽升起，水氣蒸騰而上，形成霧氣，那霧氣慢慢地聚攏在一塊，再上升到半山腰，隨著陽光增強，雲兒在墨色的山景裡，像一帶清淺的溪，盤桓在天與地之間，如水墨畫的飄逸，下方的竹林透著淡淡的綠，點出雲霧的空靈。

等到太陽整個出來，陽光大好的晴天，雲霧就會升到山頂，天空是一片湛藍，山是一片青綠，而朵朵雲兒就成了點綴山色的白。

窗外的景，於我就是不同的畫，每天每時在變，這種饗宴，是天堂吧？

小皮是我的臺北朋友，知道我在花蓮隱居，一直想來，我說是隱居呢！提醒他別來打擾我，可是小皮說：

「隱居還不是偶爾回臺北找我，那我在臺北隱居，你也別來了。」

好……吧！

小皮開了六個小時的車，循著谷歌大神的指示，找到了桃花源大門口晒穀場，長驅直入把車停在門口，一下車就扶著腰，順手把上衣一掀，兩手把肚皮那塊黑布一扯一拉的拿下來：

「你家也太遠了吧！開得我腰都痛了，還好我有戴護腰，不然，還沒到你家，我就要去急診了。」

我趕緊請他進門，泡了一壺舞鶴紅茶，讓他歇一歇潤潤喉，他把花蓮市買的檸檬汁、包子拿下來，順手又拖了一大袋的零食下車，擺在桌上一看，豆乾、可樂果、起司餅乾、花生、芝麻糖，蜜餞就有五、六種，我覺得他來這幾天，不用煮飯，吃這些就夠了。

「小皮，我這裡開車到鎮上只要幾分鐘，你不用搞得像送物資到偏鄉。」我說。

小皮個性溫和，喜歡動動手，來了就把我們的領地看了一遍，弄清楚我們家和鄰居的界線在哪，以水溝為界？以石垛子？或是圍牆？還是以樹為界？瞭解後，開始點閱園子裡的植物，他摸摸香蕉花，把花兒抬起來看看，跑到水溝邊，俯視那整排的芋頭，後院裡延伸一蓬蓬的藤蔓，還有已經結了幾個果的木瓜，點閱完畢後，望著像天一樣高的椰子樹：

「那也是你家的？」我抬頭看看陌生的椰子，「好像是。」點點頭。

然後捲起袖子，拿起角落的斧頭，跑到晒穀場邊的大木柴堆，拖了一根放到圓木樁上，開始劈柴，顯然平時露營有練過，劈下來的柴火們整齊有序，一根根堆在家門旁，擦擦汗，擺出整套露營用簡易桌椅，放在屋外通風遮陽處，就著一杯咖啡，望著遠山，一派愜意。

為了舒緩小皮開車辛苦，加上我們時不時也要鬆筋解勞的慰勞自己，我們驅車去泡安通溫泉，往安通溫泉的路不遠，因為地理位置在山區，每次來都會下雨，我們早把泳衣穿在內層，外面罩個衣服，提了保溫壺和毛巾，穿著拖鞋走到溪邊，走進露天的池子裡開始放溫泉。

燒燙的溫泉慢慢地灌滿池子，浸泡全身，旁邊是淙淙溪聲，靄靄的煙霧籠罩山谷，望著對面乾淨清晰看得見樹葉的山景。

「真好！」小皮頭往後靠在臺子上，舒服地說了這句話。

我想到好幾年前我們結伴走花蓮，住在鳳林朋友老家，行李放好，我們背著簡易背包上路，一路徒步走過光復、瑞穗、到玉里，每走到一處後，再搭火車回鳳林過夜，第二天搭火車到下一站，繼續前一天的路程往南走。

小皮腳程好，一路穩穩的，只是那時感情不大穩定，跟女朋友吵吵鬧鬧的，藉著走路，本來要發作的皮膚炎，也在吃了藥後，平息下來。當我們開始頭頂天腳踏地，在陽光下或是大雨裡走著，大家都安靜了，有時我們不走大路，彎進田野裡走，踩在田埂上走，背後是大山，腳下是收割過的稻田，有時我們累了，找到警察局前面的平臺坐著，才發現，那是給徒步跟單車環島的人休息的，真為花蓮人的貼心感動。

我們隨意吃，早上在鳳林吃碗湯麵，中午進了附近村子裡，吃個水餃或滷肉飯，那時又接近聖誕節，每每走進部落裡，看到教堂前風格各異，閃著彩色燈泡的聖誕樹，小皮都會拍下來，傳到臉書上紀錄。

回臺北前，小皮突然想通了什麼，或是沒想通什麼，說要去臺東，我們各自揮別，一輛往北，一輛往南的火車，繼續走出不同的人生。

或許是泡了溫泉得到舒緩，解除疲勞。第二天中午，小皮拿出前一天在臺北醃好的雞，放到烤爐裡吊掛著，用他劈好的柴火，為我們烤一隻雞，烤雞的中間他也沒閒著，跑到園子裡叮叮咚咚的，我們正在園子裡，踩階梯而上照顧樹梢的枇杷，也沒注意他在做什麼，鄉下生活，隨人過日。

早在幾個星期前就看到枇杷開花了，白色的串串花兒不怎麼引人注目，蜜蜂倒是沒少過，等到謝的時候就不怎麼美了，阿薰用寶特瓶裝水掛在樹梢上，用重量把長得太高的樹枝往下拉，等到開始結果時，就得疏果，再包上套袋，慢慢地等它長大，最近有些枇杷陸續成熟，剛好給小皮吃一些。

小皮一邊顧著屋外的甕仔雞火候，又叫我去後院裡摘些川七，採了一籃，洗乾淨了，把滴下來的雞油放在炒菜鍋中，放些薑絲炒川七。等到烤雞上桌，香味四溢，我們都餓得受不了了，小皮自備粗棉手套，再套上兩個塑膠袋，伸手一撕，浸泡兩天的醬汁隨著雞油溢出，雞肚子裡還塞了蔥蒜香料，又拎出梅酒給大家斟上。

酒足飯飽，我們把摘來的枇杷跟芭樂端出來，大家坐在家門口的椅子上，微微風過，晒穀場前的雙色茉莉開的爆炸多，變葉木葉子渾身通紅，背倚中央山脈，前眺海岸山脈，縱谷裡的我們豐衣足食，水清土沃，莫說稻米雨露均霑長得忒好，我們幾個臺北盆地來的，都拍著肚皮，活得真美。

小皮睡過午覺後，自己騎著單車去田裡轉，我們把單車改造成電動車，踏板帶動電力，可騎到時速三十公里，電池飽滿下也夠他遨遊了。

沒多久卻接到他電話，說是腳踏板螺絲掉了，整個踏板脫離車身，沒有工具他上不了踏板，車子也回不來，還好帶了手機出去，否則也不知道自己離家多遠。

我們依他手機定位去把他救回來，其實已經離家不遠了，他站在樹下，一臉笑意：

「你們是來英雄救美的！」他說。

他從家門的右邊單車道開始騎，一路騎上臺30線，筆直的道路車子又少，好騎得很，他一路經過山邊，過卓樂橋，看見橋下的拉庫拉庫溪，又見到黃金稻田，發現自己已經在玉山國家公園裡了，他騎去南安瀑布。

「瀑布的水好充沛，我坐在瀑布前面，第一次擁有一個人的瀑布誒！」

那天天氣非常好，太陽溫煦的晒在我們身上，穿著長袖還會出一身汗，小皮雖然沒能成功騎回家，但是已經走出一個範圍了，這幾年他過得非常簡單，一方面除了收入沒那麼好之外，一方面也是走向簡樸生活，兩者互相影響，也褪下了以往愛美食、穿華服的習慣，如果我現在問他，世界上最豪華的排場什麼？應該就是獨擁瀑布的這一刻吧！

至於感情生活，他說：「像我這樣的狀態，還有什麼資格談感情？」他又說：「我雖然沒有對象，可是我有一、兩百個孩子啊！你別忘了我在機構當說故事志工，小朋友最喜歡聽小皮葛格講故事了。」

晚上小皮把香蕉花砍下，摘了花朵的部位，掰開內心，加點蔥蒜，清炒花心，把園子裡的九尾草挖出來，用草根跟排骨燉了湯，跑到溝裡挖了棵芋頭，拿到屋後的水池邊刷洗乾淨了，把芋頭削皮切塊，丟到鍋裡跟五花肉一起悶煮，芋頭上面的梗，則是剝去外皮，切段後清炒，又變出一桌菜來。

我們就著暖黃燈光，看著花布圓桌上擺列的佳餚，先舉杯，謝謝小皮大廚的手藝，回想以往年輕時，一起在公館無所事事地逛夜市，有時走到無聊了，下午在茶藝館裡，就著榻榻米歪歪倒倒的昏睡，言不及義地說著未來，不然就是發狠說一定要賺大錢，看到喜歡的東西想買就買，講到前女友時，巴不得叫人家下地獄的激憤。

「小皮，你還記得那個翹臀珍嗎？」我喝了幾杯酒，開始跟他回憶過去。

小皮已經醉眼朦朧了，此時突然打開眼皮，好像確實知道我在說什麼，伸手往肚一拍回我：

「拜託肚子都這麼大了，怎麼還有翹臀？」我們哈哈大笑起來，我甚至笑出了眼淚。如果旁邊是榻榻米，我們照樣會倒在上面，頹然睡去。

天上一日，世上千年。

輯二——植物之香

土中藏金

太陽出來的時候，眼睛因著周遭的事物跟著一亮，樹葉在風中婉轉的飛出金燦邊緣，冬天的陽光太無價，只要在屋外晒一個小時，就像充電一樣，精氣神飽滿。

我們看著園子裡的薑黃，原本一枝枝射向天際的翠綠葉片，如今枯黃歪倒地上，顯示薑黃成熟了，有見過朋友種的薑黃，開著淡紫色的花，花型輕巧得像一枚仙女，我們家的卻是紅艷艷，在一片綠中，展現「跳痛」的美。

冬天，是薑黃的豐收節日。我們拿了鋤頭鏟子開始挖掘薑黃。

先把葉子掃到一旁，葉子輕輕的倒下，用鋤頭往土裡一掘，再用後端的粗柄，順勢一抬，埋藏在土裡的薑黃，便輕輕地顯露出來。

有些塊莖長得很壯，整塊薑黃長成好大一塊，飽滿結實，有些只是長出小模樣，黑色的土襯著金塊般的薑黃，顯眼的很，園中遍植薑黃，兩個人挖了一整天，才挖出五成薑黃。

勞作整日，總共挖出兩大籃的成果，從來沒有種植經驗的我們，真的大為吃驚，看在專業種植人的眼裡，或許還不算多吧！

把薑黃抬到水池邊，第一道工序，就是用強力噴水槍沖噴，把泥土沖掉，沖掉後，進入第二道工序，一個個用刷子細細地刷，把薑黃多餘的粗皮刷掉為止。

薑黃的大小，在第二道工序中更能辨識，有些其實吃土沒那麼多，養分沒那麼夠，有些則是多年未挖掘，在土裡已經老去，扁扁塌塌的，沒什麼元氣，扁塌的都被堆置在另一個籃子裡，準備淘汰，留存個頭大的，形態渾圓飽滿，特別有元氣。

洗刷時，薑黃的氣息也飄揚出來，味道跟薑不大相同，薑的氣味較為沉鬱，像一個下墜的伸卡球，薑黃有種辛香氣，不嗆鼻，聞起來讓人有種歡快感，經過泉水洗滌，水氣飛揚中，它的味道從鼻腔進入，有點醒腦，也有點活動心神，從腦部降到心，又從心升揚到眼睛，產生微微的刺激感。

從團塊裡拔下來的薑黃支塊，像嬰兒短短的手指，那一根根可愛的手指頭，在在指引著一條路，一條通往能量的路，那股能量，可以衝破淤塞的血管，讓血流更加通暢，讓能量跟著肥肥短短的薑體，一起奔跑在身體的通路中。

把它掰開來，亮出飽滿的橘黃色，若說它是土中黃金亦不為過，那橘黃色已經堪比地瓜了，地瓜又沒有它的辛氣，地瓜渾圓可愛豐甜暖人脾胃，薑黃可不同，那味道表明它可是個熱力十足的辣妹，看身材也知道。

趁著陽光大好，一掃前幾天陰霾的天氣，趕緊把籃子裡的薑黃洗刷好，與大塊母體脫離，將它們一個個鋪在竹籃上，攤在晒穀場，跟太陽吸收能量，等到下午陽光稍弱時，檢視籃子裡的辣妹們，被太陽晒到溫熱的薑黃，熱力更甚，薑黃的精油彷彿被提煉出來，不用靠近，就能聞到芳香的精油味，一鼻子的辛香真醒腦。

薑黃收成的時候，正好友人來訪，順便幫忙務農，朋友中年退出職場，家中隱居，性情內向不大與外人接觸，平日在家蒔花弄草不亦樂乎，生活平淡自得。

走進園子開挖薑黃時，只見他勤勤懇懇得像個天生的農夫，實實在在地對待葉子下的根莖，拿著鋤頭，一寸寸地開挖，老婆在旁亦步亦趨的幫忙，真是個好幫手。

晚上，我取了些薑黃，切成小片，洗了叔婆菜園裡收成的大白菜，就著市場裡買的雞油，先煸一下薑黃，待邊緣略焦，把大白菜下鍋，做個白菜滷，山邊的夜晚，濕氣特別重，每個人都覺得身體像蓋了件斗篷，舒展不開，薑黃白菜滷端上桌，有辛氣，加上雞油的滋潤，白菜變得滑潤可口，吃起來沒有加入薑的沉穩老氣，卻有薑黃的輕盈恣意，盡得暢快。

大家開桌吃飯，正是慰勞辛勤農務一日後的愜意時光，流了一身汗，再看身上手上沾的黑土，籃子裡滿滿的薑黃，洗了個澡，坐上餐桌，開瓶酒，看著桌上自己挖掘的薑黃佐料上桌，確實是很有成就的一天。

原來內向話少的朋友，兩日勞作後，談興大開，講起疫情，不免說到以往的職業生涯，限於大環境，公司樹倒猢散，理想嘎然而止，講到不為人知處，突然紅了眼眶，隨即喝了一口酒，這酸楚，有誰解？

是薑黃吧？我心中想著。它的能量感應了挖掘的人，埋藏在心底的事，藉由它的出現，對應朋友的心酸。

在地面上，我們看見它直通天際的挺直葉片，溫和通暢，親和而不彰顯，守護著園子的邊界，就著一方水土，在土裡慢慢長養，吸收土地的營養，發展疆域，讓雜草無所生，直至開花。那暗紅的花朵，如竹節盤旋而上的花蕊，形成一個花串，竟似一隻旋風箭。直至挖出薑黃根莖，以毫無遮掩地熱辣姿態，大塊出現。

它的味道進入他的鼻孔，像軌道搭好的火箭，鑽進他的內心，喚起他不為人知的心事，說與不說，彷彿都不重要了，若是埋在心底，也就如未被挖掘的老薑黃，慢慢萎縮直到和土地融成一體，就像肉身也回到土裡，塵歸塵土歸土，消融在茫茫大地。

只有等自己願意，時機對了，薑黃成了一個引子，慢慢地把它勾了出來，在酒的推動下，奔馳而出成了蒸騰過後的眼淚。

另一個朋友，剛好趕來洗薑黃。

遍植園子裡的薑黃，其實只要小部分的挖掘，再進行後續的洗刷、晒乾、切片、打粉的工序就夠了。沒經驗的我們，一下都挖出來，堆在籃子裡，不儘快洗刷就會發霉爛掉，朋友來，剛好幫忙處理來不及洗刷的薑黃。

朋友為人謹慎規矩，薑黃原來黑漆漆，不修邊幅的邋遢樣，在他仔細的洗刷下，個個變得端莊潔白，打造出市場上的好賣相，去掉剛猛外型的薑黃，如今端莊規矩地躺在籃子裡，等待下一步晾晒，這打磨洗刷的程序，猶如製造一個藝術品。

「那瑕疵品怎麼辦？」我問。總有那些稍微乾扁歪斜的。

「瑕疵品就把它分到另一籃。」毫無懸念的他喊著，像媽媽一樣指揮若定。

「不過拆開來看，裡面的顏色還是好鮮黃誒，也不是不能吃。」他拿著瑕疵品看著，可惜地嘆道。

他一雙圓圓的眼睛，毫無懸念的看著人，瘦瘦的身影忙碌的在水池旁，專注的刷薑黃，一個接一個，沒別的心思。

但是薑黃的鮮豔黃色，是天然的染色原料，豐滿的亮彩橘，對應到天上的太陽，藉著如鏡的山泉蓄水池，反射到他的胃，那長期因為胃酸分泌過多，空蕪的胃袋，其實堆積了過多的心事，像磨墨一樣，轉個不停，這池水，照應出這個人生，無法消化卻硬要吞下的食物，怎麼消化？

那，就讓薑黃以色來暖胃吧。

再不行，我說，去金光燦燦下田野間走路晒太陽。冬日暖陽晒在背上，他伸展雙臂，像薑黃的指頭，伸向天，腳踏地，根植在土裡。

接天地。接天地後，天地悉皆歸。

「好舒服啊！」他說。

有時候，洗刷到最後，看見薑黃的乾淨本色，連卡在指縫中的土，一起洗刷完畢，深埋在幽暗國度中的，難以解說的悲傷或憂鬱，隨著陽光，一起消融了。

事後回想，這些朋友到訪的日子，都是陽光最強，天空蔚藍，挖掘洗刷晒薑黃的大好日子，每個朋友回家時，彷彿也都充滿電，精氣神飽滿的上路。

我把玩著晒完太陽的薑黃，像一個個珍寶古董，一位擅長石雕的大哥，拿起來把玩觀賞，像看一件大自然的藝術品，有的像五指山，有的像仙人掌，也有的像國畫裡的山水，各個嬌憨，把玩手中，久了，居然珠圓玉潤了起來，想到要把它們切片烘乾磨粉，居然有些捨不得了。

晚上坐在廚房裡，拿著菜刀切片，再把一片片的薑黃拿去晒穀場晒，晒到酥酥的，然後用打磨機打成粉，我洗了米，加了些橄欖油，挖一匙薑黃粉入米，煮出來的飯，帶著美麗的潤澤黃，彷彿沾了些喜氣。

吃進嘴裡，原本的米香被它的香味包覆住了，咀嚼在嘴裡是甜甜的滋味，進入胃裡，胃也被暖氣充滿，那空虛的過往或不堪的記憶，都被融化在熱熱暖暖的薑黃飯裡。

「呷飯喔！」我喊著大夥入座。

縱有千萬事，哪有吃飯大呢？

仙女桂花茶

夏天不再，炙熱的太陽轉成金亮，晒在身上也沒那麼燙人，蟲鳥安靜，飄浮的熱氣稍微下降，我拿著小鐮刀，去前院整理牆壁上的薜荔，太多的薜荔擠在一起成團，干擾了樹葡萄的生長，就在我走動的時候，一陣香，毫無防備的撲進我的鼻孔，那是……

我讓鼻子尋找，這味道太襲人，香郁又甜蜜，我慢慢地靠近那股香源，在眼睛的幫助下，獵香人找到了獵物，是永遠站在園子中央的桂花樹。枝頭上開滿了黃色的細碎桂花，一朵朵開的小巧細緻，啊！桂花已經爆發了，這麼美又這麼香的桂花，想留住它，但是，要怎麼做呢？

網路上看到培仁老師從寺廟裡的老比丘尼那裡，學會炒桂花糖，我們決定效法比丘尼的傳統做法，先拿著有漏網的盆子出去摘花，秋陽不大，得趁花兒被太陽照耀時摘下，才能得到花型飽滿，香味十足的桂花。

摘桂花不是風雅浪漫的事，細小的花一叢叢開著，若像我用虎掌隨意一抓，絕對不行，所謂憐香惜玉，就是要從連枝的地方，整叢摘下，否則傷了花型不打緊，還把桂花都捏糊了，汁液盡失，哪有什麼香氣可言？

摘花可以訓練身形，隨著花兒在枝頭上左右盤旋生長，可以靈活地在樹下伸展，伸長的手指往整叢花一摘一扭，嬌嫩的花瓣躺在篩盆裡，一掃我摘花前身體的生硬姿態，只是稍微高的花掐不到，得架好梯子，攀爬而上約有兩層樓高，將近二十年的老叢桂花好好摘下。

與來訪的友人把摘下的花聚在一起，放在篩子上，讓風把露水吹乾，再來拔花梗。

花的生長，如同樹木對外宣稱傳宗接代的意象，大鳴大放的狀態，展現出一棵樹最豔麗的時刻，桂花雖然不是敲鑼打鼓的美，但是它精緻小巧，用群體的方式展現能量，而且花香輕靈迷人，調性軟又怡情，難怪醫書說它疏肝。

古時候女人只能待在家裡，出不去，不像現在能夠出去運動，穿泳衣到海邊玩水、甚至出國旅遊，關久了就悶住了，家裡的三姑六婆，男尊女卑教條多，越悶越難受，肝臟堵住了，身體不舒服，反應在身體上就是身體不舒服了，精神上，恐怕要憂鬱了，能夠聞著花香又摸著花瓣，至少開心點。

下午的餐桌上，眼光微微看向窗外，讓酸澀的眼睛得到一些舒緩，映進眼裡是滿滿的青山，山上有些雲霧飄渺，看來下午天氣開始轉變了，山邊的氣候比較多變，有時市區沒雨，山腰裡卻綿綿細雨，有時山裡沒雨，市區卻下的很大。

屋外的大灶沒拆，小鐵棚裡規規矩矩的放了一些綁好的細木柴，還有幾塊煤炭，把煤炭在灶裡排列好，留些間隙，點燃細木柴，放到煤炭下面，過一會，煤炭開始發出盈盈火光，一面搧火，讓煤炭也著火，待火勢稍旺，把鐵鍋放到灶上，加入冰糖，再倒入一些水，讓冰糖和水在火力下融合，我拿支木鏟，一邊攪著冰糖，等著冰糖化成糖水，又要顧著火，不能讓冰糖焦化，此時，只有專注在木炭、火候與冰糖的三者變化。

「火不能太大。」友人在一旁提醒。

「所以要撒點煤灰在炭上面，免得火候不好控制。」我說。

我們手撐著下巴，等著，等著火跟時間的催化。

等冰糖跟水融合了，鍋底剩下一點冰糖渣，把整盤篩網裡的桂花倒進鍋，花兒像流瀑一樣躺在水面，拿著木鏟攪拌，讓花和糖水結合，接下來，是更長的時間。

這時候炭火還可以維持中火。

炭火在黑色的木炭裡呈現又紅又白的狀態，已經吃進木炭了，偶爾有些小火苗會竄出來。

坐在灶前，除了顧炭火以外，什麼事都沒做，只有屋頂上的小鳥啁啾著，有時候亂拍幾下翅膀，不知道是不是野貓跳上屋頂，惹起一陣驚。

啊！不知道過了多久了，久到已經閉上眼皮，坐在木凳上打起瞌睡來了，下午的風徐徐穿過屋外的穿堂，穿過身上，生理時鐘敲響每天的午睡時光，就放著吧！在恍惚之間聽到落葉隨著風跑進走廊的聲音。

「嗯！這個時候不能放著，你看，糖水已經在熬煮下又還原成糖了。」友人清亮的聲音叫醒我。

的確，白色的糖粉在鍋中出現，而桂花則被包裹上糖粉，我握著鏟子飛快地在鍋中起落，鏟子上也沾了凝結成塊的糖粉，我不停地將鏟子上和鍋裡凝結的糖粉撥散開，又不時的將煤灰覆蓋在炭上，有時候來不及顧火，乾脆把鍋子提起，離開灶上，免得過熱，手上提著鍋，也沒忘了用鏟子把糖撥散。

從頭到尾如此專一的看顧這鍋糖，忍不住嘆息，剛才除花梗是細緻活兒，炒桂花糖，簡直像在……

我還在想，什麼形容詞呢？

友人已經笑盈盈地說：「像在修行。」

摘花要顧及花蕊、花形，去花梗要細緻又用眼，炒糖則要顧鍋顧火，不被日頭所晒汗水淋淋所動搖、不被桂花上面肥大的蟲兒生出步步驚心、不被去梗的眼睛酸澀而煩、不被隨時變化的炭火，以及鍋裡糖水花兒沾黏鍋鏟的變化焦急，甚至因分心產生的焦黑糖花懊惱。

已經是修行了，我常看到田野間的大哥大姊，專心一志地蹲在泥土上，用雙手拔草、整理農地、拔菜，那份專注力，和大地交融一樣，穩定、如常，又充滿生命力，當他們抬起頭看到經過的我時，有時是認出我的了然一笑，有時只是看一眼，那純然的表情，是他們一輩子心力的表現。

最後，鍋裡呈現白色的糖粉跟黃色的，被糖封印的桂花。
等鍋子冷卻，糖跟桂花再放入密封罐裡。

我們把一些桂花糖放到杯子裡，滾水一入杯裡，被封印的桂花，旋即在白燙水流裡解除封印，一朵朵鮮黃色的桂花，在水裡翻滾飄搖，還原出原來的精緻花形，茶湯保留了桂花的色香味，一口喝下，又香又甜，神清氣爽，友人說：

「喝下一秒變仙女。」我們笑了，這一天的辛勞，換來仙女桂花糖，值得。黃昏時，走出門，走上小徑，轉彎的時候，友人回頭跟我揮揮手。轉過彎就表示，仙女終於也要進入有人煙的地方了。

已經一年了，看著擺在架子上的玻璃罐，黃白相間的糖已經剩下底部，是該再來做桂花糖了，走到園子裡，看著那棵最會開花、香味最濃的桂花樹，一樹靜默，只有在風中微微搖動的枝椏，彷彿在說……

心頭魔力果

剛到花蓮時，金牌開心地介紹老家的植物們給我們認識，每棵都是他親手種植的花草樹木，二十年過去，植物們井然有序，他曾經站在前院的樹旁說：

「哇！今年的ＸＸＸ居然開滿了花。」

「開花？哪裡開花？」我心裡想著。想看花兒的模樣，卻遍尋不到，連花兒都不知道樣貌，遑論果子？

有一天，鄰居菊兒跟我聊天，看到這個ＸＸＸ，說她家後院也有一棵，只是都不會開花結果。

原來ＸＸＸ是樹葡萄啊！

直到冬天，每天早上例行巡園的時候，突然發現它變得不大一樣了。枝幹上點點花苞，過一陣子，花苞像小星系的大爆炸，一朵朵爆炸的花球佔據整支樹幹，密密麻麻的，花兒像鬆軟的棉花糖，爆炸後又過幾天，適者生存的朵朵小花出現，慢慢地，小花也收口，成了一顆顆綠豆般大小的果子。

我開始在腦海裡翻找樹葡萄的記憶，多年前在朋友家吃過，如葡萄般大的果子，皮厚籽大，入口酸得要命，怕酸的我還把皮跟籽都吐出來，一臉嫌惡。

「最有營養的就是那個皮，富含花青素，可以消炎跟加速自由基餒！」朋友的語氣很不開心，一副我不懂這是貴參參的好東西。

也喝過朋友從埔里訂的樹葡萄，自己做成酵素，送我試喝，喝了一口，馬上想起感冒糖漿？

市面上說好營養，價格不菲的樹葡萄，帶給我的都是又酸又苦的回憶。

它枝幹秀長，葉子小而細緻，在我們前院裡擔綱首席模特兒恰如其分，是不錯的觀賞性植物，可是，當它開始開花，就表示會有多少果實的時候，首席就成了所有路過人的目光匯集所在。

有一株特別早熟，已經結了約十顆的紫色果子，我順手拔了一顆，用袖子抹抹放入嘴裡，哎喲！甜甜略酸的汁液迸入口中，跟我以前的酸苦印象完全不同，好奇的多嚼幾下，有種又像芭樂又像荔枝混合的清香味道，這個經驗，讓我對它好感大增。

再把其他顆採下，放在家裡熟成兩天，味道更香，甜度也更高，這使我對它產生了更高地期望。

此後我每天盯著它看，看它一點一點的變大，覺得好有趣，樹葡萄，又稱嘉寶果，產自南美洲，網路說它有神奇功效，內含酚類化合物來源，包含類黃酮、花青素、丹寧、多酚等。能幫助身體減少氧化壓力跟發炎反應。

「還能治不孕？」我看了哈哈大笑。

我記得阿嬤交代過，在樹旁土裡挖兩個洞，把有機肥放進去，結出來的果才會甜，很好吃喔！

我照辦，每天早也看晚也看，希望果子趕緊成熟。

咦！或許我可以放個監視器在樹上，每天盯著它的變化，看看哪隻小鳥或小蝸牛來拜訪果子們啄個一兩顆，也是好主意。畢竟，接下來臺北有事，要待比較長的時間，我不想錯過它的生長期跟爆發期，也不想錯果摘果的時間。

我甚至想，有沒有什麼方法可以讓它趕緊長大，陽光要多一點嗎？水要多澆點嗎？肥料再多放些？趁我還在花蓮的時候，就可以來個大豐收，以前那個「揠苗助長」的故事，居然在我的心裡慢慢長大，我想，那個農夫，應該跟我現在的心情一樣吧！

還好，我只是任由腦子裡的想法亂飛，並沒有真正的執行。因為，我把以上的奇思異想告訴阿薰，換得一個白眼。

生老病死，發芽結果，都是生命的流轉，何必拘泥生滅的大千世界？有人來採摘，有小鳥願意吃也好，沒有的話就讓它在枝頭成熟、凋萎、落土、消融，不是自然嗎？

自然並非人類在看著自然時，動著千思百慮的心情，想著如何去改變自然來符合自己的想法，那叫人類一動腦，上帝就發笑。

話說回來，不認識它時，我會關心它嗎？

在臺北待了半個月後回花蓮，我已無懸念，當車子開進前院，也沒注意首席的位置，在我心裡，它的的魔力源自我的妄心，就讓它果自凋零

人自在吧！

下車，我慢慢地走向它，走向一位重相逢的老友，沒有太大的興奮，只有輕輕一瞥，你好嗎？

它回覆的竟是晶光燦爛的熱情。

啊！那晶瑩反光如黑寶石的果子們，繁茂地佔據每個枝椏，我細細地檢視每個小寶貝，除了由青轉紅的幾顆，其餘都是黑的閃閃發光，能量滿滿。

我看著大自然賜給的豐碩，覺得何其有幸，只是放了有機肥，拔拔小草，剪掉牆壁上蔓延過來纏上根部的的薜荔，讓樹皮維持完整的幾件小事，卻能得到這麼大的回報。

朋友帶了孩子來玩，就讓兩個孩子摘下果子，帶回家吃，儘管已經摘了一回，還是陸續有果子成熟。

面對這麼多的果子，全部摘下不易保存，曾看過 BBC 節目，介紹一位法國廚師，將自家產地的優質杏子做成蜜餞，再放到蛋糕上，成為明星商品，好吧！來做樹葡萄蜜餞。

樹葡萄洗淨，用牙籤戳兩個孔，放在盆子裡，加入黃色砂糖，稍微等待幾個小時讓兩者融合，取鍋，將整盆樹葡萄倒入，用中火開始熬煮攪拌，果子開始滲出汁液，與糖融合後，加入半顆檸檬汁，轉成小火，等待汁液漸收，關火，蓋上鍋蓋，以鍋內的餘熱，將汁液收乾。

開鍋放涼，取一個蜜餞試吃，厚厚的果皮，融合糖分，嚼起來特別有勁。至於魔力？阿薰一時貪甜吃了五個後說：「怎麼視線變得好清晰……」

兩天下來，共做了十罐的果醬，每罐都是紅紫交映的顏色，把果醬放到園子裡拍照，覺得好有成就感，每一罐都是有機天然，還有朋友想買，當然是非賣品，這些樹本來就是阿嬤種的，我們只是個看守者，除了帶給阿嬤之外，其他就分送朋友，讓大家嚐嚐紫色魔力果的滋味。

豔紫飲春日

我的電單車，是金牌騎了十年以上的單車，經過阿薰改造，把本來適合男生的坐墊高度調低，接上自購的電池與電路設備，變成一臺用踩踏板帶電的電單車，改造後的樣子雖然不是太好看，但是用在玉里市區，綽綽有餘。

從家裡騎過田間，右轉通過鐵道後，進入鎮上，因為怕短路斷電，或腳踏板掉落等小問題，儘量在範圍內騎乘，只有一次，為了要去安通花藝老師家，我試著騎在玉里鐵馬車道上，穿過玉里鎮，再進入橫跨歐亞板塊的玉里舊鐵橋，才剛騎進去，秀姑巒溪上的朔風狂野，把騎在窄小橋面上的我吹得要歪掉了，平日無人，只有掠過耳邊的獵風、闊溪、長橋。

這車道看似給觀光客騎著逛玉里，但是因為草瘋長的快，路邊的樹木不羈，沒有多餘的人力修剪，所以有種莽莽的氣息，騎著騎著，過了舊玉里大橋，好像騎到伊於胡底之境去了，若非太陽太大，真的可以無止境的悠遊到未來，我卻在無邊際的視野中，看到一大片農民栽種的樹葡萄。

樹葡萄產季時，鎮上的市場能看到小農出來擺攤，大都是阿姨們，一斤八十元或一百元的賣，紫得發亮，這樣的作物算是好價，畢竟不大需要照顧，只要開始產出，幾乎都能長滿整株。

家屋前的園子和鄰居家都有樹葡萄，但是鄰居說他們的樹葡萄並不結果，也說不出所以然來，可能是樹齡不到，可能是水太多，可能是，太多可能了，因為不是主要作物，也不太去研究吧？

家宅的阿嬤，當了一輩子的農人，是我們心中最專業的農業部部長，她交代過，樹葡萄開花的時候，要在樹根下挖兩個洞，把有機肥放進去，或是用點煤灰鋪在樹根上，結出來的果子會很甜喔！隔壁鄰居說，可以去市場跟賣魚的魚販要一些不要的內臟，埋在土裡，也是很好的肥料。

剛來，因為不識樹葡萄為何物，錯過了開花結果期，那時我們回臺北，樹葡萄大爆發，結了滿樹的果子，因為太美、太多、太招搖了，還請住在附近的親戚採了回家吃。

後來我就不肯放過這美麗的時刻，從它冒出小小的花芽開始，每天起床後必然先推門出去院子，跟它請安，看它青澀的芽孢貼在褐色的樹幹上時，我們就把有機肥塞在土裡，希望能長出甜美的果實，然後，看它爆開成一顆顆小煙火花，之後煙火花收成綠豆般大小的果子，慢慢地隨陽光的灑落，長成一顆顆彈珠般大小的果子，直到果子們貼滿整支樹幹。

最高處的紫色碩果，有幾顆被小鳥啄吃了，低處靠近樹根的果子，也有螞蟻跟蝸牛來分享，但是我們不介意，因為，收成太好，不怕牠們吃，而且，能讓環境裡的鳥兒蟲蟻們共享，表示生態平衡，是件好事。

何時才能將它們從樹上摘下來？

稍微用手捏捏果子發亮的身軀，能夠壓下去反彈起來，或是，它底部有個花謝結果的小圈圈已經放大，表示夠熟了，我呢？每天摘顆最美麗飽滿的果子，新鮮的程度，是一秒鐘產地直達口中，吃吃看甜不甜？酸不酸？吃到甜了就可以採收了。

果子收成後不能放太久，兩天後就開始萎縮消風，不像芭樂或木瓜摘下來等熟成，滋味更香甜，皮厚的樹葡萄果，一摘下來，就得在兩天內消化殆盡，尤其當它大爆發的時候，這次的產量多，整株樹幹都是亮晶晶的果子，我曾經摘下飽受陽光照射的果子，吃了很甜，也摘下長得好大的卻很酸，也有不大顆的也很甜，就算我摘下來等著熟成，還是酸，並且開始消風了，真不知道要怎麼養，才能吃到甜果子。

我去朋友家，看他園子裡的樹葡萄，幾百塊買來成年樹，種了沒多久就結果了，孩子們有空摘幾顆當零食吃，我到的時候，樹上只剩三顆，摘顆大的入口，很甜啊！問他怎麼種的？他說，不用管它就這樣啊！聽得人一陣無能感上升。

摘下來的果子不易保存，一下要吃完也做不到，所以，果子就有了各種方式存在。

阿薰發明一種工具，將一節細竹管從中剖開，再把五顆果子放在竹子端，往下一刷，果子頓成兩半，快過一顆一顆切，來做果醬。

架起了鍋，把果子跟砂糖混在一起炒，鍋裡的果子釋放出水分，跟紫色的果皮融和後，成了鮮豔的玫瑰紫，我怎麼看都像小時候喝的感冒藥水，心裡覺得很刺激，是對陌生作物的實驗感，我像個煮湯藥的女巫，不停攪拌鍋裡的汁液，果漿裡起了好多泡泡，澎起又澎落，手不能停，怕一停，就黏底了，看著漿液漸漸收攏，成為果醬，其實也不算果醬，因為樹莓果皮很厚，並沒有融合到整個醬汁裡，我倒覺得像蜜餞了。

既然是初體驗，我就發揮實驗精神，有一鍋加了檸檬汁，嚐起來還是太酸，另一鍋加了蘋果切丁，好像味道也不太出色，倒不如一鍋果子跟二砂，老老實實地既酸又甜的吃原味。

春光燦燦，照在枝葉上，一切顏色都被揉在一起，淺綠淡綠深綠濃綠，像色譜一波波慢慢擴大暈開，照在陰影處，不是明顯的反差，反而有種柔和的美，邊際跟邊際都被消融了，此時把冰水做成氣泡飲，加入樹莓汁液，攪拌在一起，頂端再放一葉薄荷，氣泡在口中的麻感，果子發出新鮮略微像荔枝山竹的香味，一下子把稍微昏沉的春睏給趕走，酸能收斂入肝，花青素讓眼睛明亮，正是春天疏肝的好時節。

那姹紫嫣紅的一杯樹莓果氣泡飲，映照在背後一片消融中的綠色中，正是春日好飲天。

穀雨後的月桃

我在穀雨後到達居所，在《月令七十二候集解》：「三月中，自雨水後，土膏脈動，今又雨其谷於水也，如雨我公田之雨，蓋穀以此時播種，自上而下也。」穀雨雖然代表天將落雨助稻穀，但是，如今的氣候不是農曆說了算，花蓮南邊的田地，稻子已經長到三十公分左右了，只是，一期稻作卻逢天時作祟，清明以來時雨時熱，某些稻子已經染了稻熱病，原來青綠的稻苗，開始有些黃葉。

四月底逢幾日像夏季的高溫，每天到了十點，東部的太陽熱辣辣的灼燒，坐在家裡不敢也不想出去一步，總得要在四點半以後，才能出去透透氣。

那條出了家門向左轉的路，正通往我的異次元時光，一路上，看見各色各樣的菜，都是身高不及一百五十公分的八十八歲阿公種的，他日日蹲伏在菜園裡，手持一把小鐮刀，勤勤懇懇地照料他的蔬菜們，今天沒看見他，我便一直走，走到貼近山腳下，會有一股沁心的山的味道，跑進我的鼻腔，那味道濕濕冷冷，有點森森的森林木味道，與泥土的味道混合，白日的酷暑，就在這裡沉澱下來。

總是在這裡，沒有人煙的一刻，進入異次元世界。遠處是毫無遮蔽的廣大稻田，腳下是水圳裡輕快的流水聲，山裡的樹木在窸窸窣窣地說話，它們會瞄我一下，現在熟了，它們便自顧自的聊天，那沿著小徑生長的野花野草，則說著自己的話題，像班上各自擁有的小團體，圍著桌子，聊著下課後準備參加的活動。

今天，最美麗的，盛裝出席的，是那一叢叢校園裡最給力的啦啦隊，月桃姐妹們。

我數了一下，最少有五十串月桃花兒掛在葉梢，爆炸般的盛開，這種陣容我還是頭一次遇見。

每個人手舉得好高，典型的薑科型態，就是那一雙雙插向天際的月桃葉子，與我家薑黃如出一轍的歡欣，接天地，壯脾胃，將你不能說、不敢說、不想說，悶在肚子裡的話都消磨掉，寬大的葉子能包粽子，市場上買了塊豬肉，包在月桃葉裡帶回家，浪漫又環保。月桃葉這麼直，就是要鼓舞你，幫你加油，為你助陣，「選我選我！」的熱火女孩兒！

在那些高舉雙手的手臂下，是一串串青春少女容顏般的花兒，有含羞帶怯，在花鞘中露出編貝笑容的，有脫離花鞘，一整個如凝脂般的婷婷女孩，也有綻放熱情笑容的鮮黃花蕊的鼓舞花兒，更有前一天才去夜店釋放精力，整個累到不行被拉上場練舞的學姊們。

我忍不住伸出手想摸摸看，閃耀著瑩瑩光采的白玉面容，是不是跟我肉眼看的一般光滑細緻，一個球場上的大黑蜂球員立刻衝過來，揮著他粗壯的手臂，對著我大聲咆哮，誒！放尊重點，這位大嬸，別想碰我們的清純小學妹。

是嗎？我收手了，看著他一手臂搭在花容正盛的學姊肩上，一邊調笑地問一起參加晚上的舞會好嗎？

趁大黑蜂守護神忙著跟開得爛漫的花兒聊天時，將月桃葉子跟花一塊剪下，揝在手裡返家。

如獲至寶的看著含苞的月桃花，呈現漂亮的圓弧曲線，上蠟般的花瓣，在光線下閃著晶瑩剔透的光，花瓣前端還透著一抹淺紅，看久了，以為是白玉雕品，而那開放的花兒，則是在花瓣前端流出濃郁的黃色，內側是鮮豔的橘紅，花蕊呈現一顆牙齒狀，遠遠看彷若張嘴的蛇，如此豔麗邀請大黑蜂採蜜，傳播花粉，是月桃繁殖後代的重要責任。

我把花兒剪下，洗淨身上的風塵，想著該怎麼料理這份大自然的禮物，決定把它們跟豬肉搭在一起，看能產生什麼變化。

先把白色的花瓣摘掉，那真的是太厚了，用牙齒咬，也嚼不爛，味同嚼蠟，留下黃色的花瓣，放在鍋子裡，小火跟蜂蜜一起加熱，兩者混合後，花色和花型已凋萎，把用醬油醃好的豬排下鍋，兩者一起慢煎，再把醃肉的醬汁下鍋，加蔥段，等肉汁收盡，蓋鑄鐵鍋鍋蓋，讓鍋子的餘熱繼續加溫。

掀鍋蓋，把豬肉盛起，夾了一塊放進嘴裡，有醬汁的鹹，有蜜的甜，但是月桃的味道在哪裡？我用鼻子和舌頭尋找著，來了，舌頭在經歷了鹹跟甜之後，嚐到了一絲苦味，就像一串高音音符突然降到低音，又像一溪平川遇到凹下處，水流往下墜落，豬肉的豐富油膩，在最後打住，收在莊重的結尾，吃完後，舌尖還帶有麻麻的感覺。

但花香呢？難道月桃花兒只是靠顏色來吸引大黃蜂？我吃下一朵蜜漬褪

盡的花，在嘴巴裡咀嚼著，來不及反應呢！那香味，從咽喉直直的衝進我的鼻孔，是一股野薑花香，若說桂花香氣淡雅上揚，月桃花香則是濃郁直白的撲過來，它不繚繞，衝過來攻城掠地佔據你的鼻腔後，瞬間蓋過豬肉的氣味，這……已經是香料等級的重砲轟炸了。

今年木氣過強，對上我的生火體質，在月桃花的重轟之下，才吃完這餐飯我的嘴巴馬上長了一個疱，果然熱情熱力的少女們不是蓋的，隨便一個花式拋接，就把我的神識給打偏了，只能乖乖地把樹葡萄蜜餞從冰箱拿出來，沖上一杯水降火。

後來知道，有人研究，月桃與草豆蔻極為相似，這道月桃花燒肉只能小量使用月桃花，否則，它的香味會喧賓奪主，把原來食材的味道蓋掉，只剩月桃香。

月桃美眉嚼著口香糖說：「搞清楚喔！我雖然艷過桃李，但我不是桃科，是如假包換的熱辣辣薑科喔！」唉！沒有大黑蜂的本事，千萬不能下重手用月桃花烹煮啊！

辣椒青紅時

每次看到他，總是在畸零地上一邊翻土一邊看顧著手上的菜苗，有時只是出神地望著土地，看不出有什麼想法，彷彿只是在感覺，感覺土地在跟他說什麼。

我們第一次相見是在我前往探索周邊的地貌，那是個夏日的下午，我問阿公幾年次呢？

他笑笑地說：「二十三年次囉！」露出嘴裡僅剩一顆的牙齒，顯得非常可愛。

談話間得知，阿公本來不是在這裡出生的，幼年跟著父母落腳水源地，如今有了孫子，也已經第四代了，他年輕時會去山上採山茅，採完了拿去賣給收山茅的商人，至於山茅後來做什麼用處，他不知道。

然後就是種田，年紀大了，田交給兒子種，自己就種種菜。

「哪天有空去我們家坐坐！」我客氣地想結束對話，看看前方的小路都還沒探勘呢？

「誰有那個美國時間？」他毫不囉唆的回我。我訝異地噴笑了。

「真的沒在客氣的。」我心裡想。

在菜園裡幫忙的年輕女人，露出一張白皙的臉，手腳麻利地說：

「我採些辣椒送你，你吃辣嗎？」

這下子是我驚慌彆扭了起來，不知怎麼接受這個好意，一邊跟她說不用了、不用了，又想到年輕時曾被住彰化的老友教訓：「你們臺北人真奇怪，請你們吃什麼都說不用不用，你知不知道我們是一番好禮與熱情，一直被你們潑冷水。」

「我不吃太辣，謝謝你。」我趕緊回她。

她用飛快的速度摘了半袋辣椒給我，我問她該怎麼煮呢？

「用豆豉炒一炒就很好吃了。」她說。

阿公說她是越南人，是兒子的老婆。

我的腦袋不知為何飛進一個訊息，就在當下的一刻，我甚至覺得自己被附身似的說了一句：

「食飽沒？」

阿公平淡的眼神中，突然像被點燃的火把火花般亮了起來，又像是被喚起什麼感情似地說：

「你是客家人啊？」

我搖搖頭，也不知道自己怎麼會跑出這句話。

回家後我看著辣椒青澀的外皮，還有光亮的外膜，拿出冰箱裡的豬絞肉，切去辣椒的頭部，再把一根根辣椒切成小段，家裡沒有豆豉，就把大蒜拍扁，切成蒜末，下鍋爆香，把肉末放到鍋中炒，待絞肉轉黃，加入辣椒翻炒，下點醬油，加點鹽，用點糖帶出辣椒的鮮味，起鍋。

晚餐上桌，把這辣椒肉末鋪在白飯上，竟得到阿薰的讚賞，說好香好下飯，並非我的廚藝好，應該是辣椒剛採下來，還保有鮮甜的滋味，加上原有的水分，跟肉末結合，產生更多的香氣，什麼食材，都是當季現採最鮮甜，我托阿公的福，得到這份現採的禮物，隨便炒都好吃。

而豆豉做法，乃因客家風俗勤儉樸實，辣椒不用搭配肉末，只需幾顆豆豉，就能帶出辣椒的風味，因為不辣，豆豉夠鹹能下飯，鄉下生活簡單，農忙後快速炒一小菜可以立刻上桌，簡單又方便。

此後，我背地裡都喊他辣椒阿公。

每當我踏上「異次元之路」，他成了唯一與我在路上對話的人。

觀察他的作物是我的必修功課，叢叢青嫩的小小辣椒，從指甲大小長到手指長，嬌小掛在葉梢的紫色茄子，紫的濃郁豔麗，茄子旁是青紫色交接的芹菜，芹菜上頭還有一排被颱風吹得歪歪的木瓜樹，木瓜樹旁是站得規矩守度的玉米，再過去是開著白花，長得半個人高的香菜（還沒問他香菜長這麼大怎麼吃？）。

我太喜歡他種的辣椒了，找了個黃昏，又晃去他的園子，跟他買了一些現採的辣椒，他三兩下就採了半袋，卻不肯拿錢，光是推錢的時間都久過採辣椒，我跟他說，若沒花錢買菜，先生以為我懶惰跑去跟人家要菜，會被先生打，一旁經過的菊兒聽了笑得合不攏嘴，阿公驚訝的信以為真，才把錢收下。

我開心地帶著新鮮現採的辣椒回家，上次的經驗學到，只要是阿公的作物必出佳品，因為他自種自吃，產量不大，所以無需加太多肥料或下農藥，只要每天巡巡菜園，就能產出自然鮮甜的作物，加上現採，我回去現做，就能吃到作物的最佳風味。

回到家先把辣椒泡在水裡，把冰箱裡的蔥切段，切幾片洋蔥，豆乾切片，雖然加肉會比較香，但這次只想吃辣椒的鮮甜，把辣椒洗淨，也跟蔥一樣斜切段。

在鍋中熱油，先把蔥段煸香，下洋蔥，待洋蔥有些焦黃，再下豆乾片，由於我都吃稍微有點焦黃的豆乾，所以將豆乾兩邊都煎的有點黃了以後，豆乾的香氣就會炒開來，此時下一點醬油，淋在鍋邊，讓醬油的香，沿著鍋邊慢慢地浸潤到豆乾的毛細孔中，此時，再下辣椒一同翻炒。

我喜歡吃辣椒清脆的口感，所以辣椒下鍋不必翻炒太久，只消稍微和醬氣融合，就可以盛盤了。

一直覺得這道辣椒炒豆乾屬於外省菜，在我的印象裡，眷村的廚房中出現辣椒的菜色比例較高，本省家庭不大吃辣，外省家庭，包括江西、四川、湖南都是嗜辣的省分，我記得住巷口的高伯伯常常手拿一條大辣椒，邊走路邊吃掉一條。

而且外省吃辣的那種辣度，不是小小微微的辣；當他們的辣椒在鍋中，就像開啟最大音量的喇叭，通知大家的鼻子，今天誰家在煮辣椒菜，那種刺激與辛香味，穿門破牆，絕對直衝鼻子穿過腦門而來，沒在客氣的；有時，剛好在鄰居家，有機會嚐一口，才入嘴裡，那火力上天，讓人眼淚鼻涕直流，猛灌開水。

二〇〇二年住在廣東的時候，常看到湖南來的員工，女生皮膚白裡透紅非常細嫩，每逢吃飯，碗裡可以沒有配菜，但碗邊一定要有辣椒醬才能下飯，而且，還會自製辣椒醬，各家有各家的口味，這都不是真的辣，朝天椒才是辣。

他們講的時後不是怕，而是眼睛露出亮光，像說到最喜歡最懷念的味道，我總奇怪她們餐餐無辣不歡，為何皮膚還這麼好，哪像我吃到刺激的味道就冒痘子。

阿公的辣椒，口感偏甜，吃到最後有點微微的辣度，但不是真的辣，只是在嘴裡加重了點味道，花蓮有名的剝皮辣椒，類似這種感覺，一鍋雞肉帶著一罐淋下去的剝皮辣椒，有時還可以加些鳳梨增加鮮甜味，是臺灣人的口味，有點甜鹹辣。

這盤辣椒炒豆乾，屬於家常小菜，主要是吃豆乾的口感，豆乾焦黃偏硬，較有嚼勁，跟醬油結合，更帶著醬香鑊氣，與鍋底熱力結合，將爐火藉著豆乾帶進我們嘴裡，加上微微的辣感，將味覺揚升，吃到最後微微的甜，是辣椒綜合了本省、外省的個性，呈現另一番小溫婉。

這盤有著住花蓮的客家人辣椒阿公的鮮甜作物，跟臺北芋頭蕃薯家庭出生的我，用外省做法產出的菜色，成了省籍大融合，雖然不是大家名菜，但家常菜總是恬淡度日、長長久久、簡單隨意。

野地菜場

房子旁邊的園子裡，種了許多果樹，長得高大成熟，阿嬤種了些蔬菜，自己種自己吃，四季便有不同的菜可以吃。

因為我們北、花兩地居住，疏於照料的蔬菜便慢慢地荒廢，很快的雜草開始長大，春夏兩季，面對瘋長的雜草，一回來就要花幾天時間除草，但是每次進去園子裡，總有些驚奇。

有個細嫩的藤蔓，會從野地越過界線攀爬到葡萄藤架上，因為葡萄藤不夠壯大，沒理它，小藤蔓便結出一顆顆小果子，凹凸不平的表面，隨著時間，慢慢地由青轉黃，那是我曾在市場裡地攤看到的山苦瓜，大都是原住民阿姨在賣的，我把它一顆顆的採下來，這免費跑來的果子，要怎麼處理呢？

沒添加任何肥料農藥的小巧玲瓏的果子們，青黃地躺在籃子裡，我想到上一趟到豐田看望阿嬤，她請我們喝苦瓜水，我把它們洗淨了，煮一鍋水，丟進鍋裡，讓它們在沸水中翻滾迴旋，轉小火續煮，十分鐘後悶著，待涼來喝。

苦瓜水入口只有微苦，淡淡的味道，喝入喉中，乾燥上火的焦土，瞬間有被清涼退火的苦瓜撫平的感覺，潤下降心火，在夏天驕陽烤燒的滾燙身體，五感器官，慢慢地被浸潤，焦躁感下降。這些熱愛高溫驕陽的植物，如西瓜、冬瓜、絲瓜都是瓜類，喜愛在乾燥焦熱的環境下生長，瓜內貯藏了涼感的特性，能調和夏日炎炎；吃瓜群眾，看著臺上熱鬧滾滾，臺下卻是一派悠閒時光，說的便是這個調子吧！

這些所謂的不速之客，比起新住民的我們，早就在草叢中存在了，只是季節沒到，一蓬蓬綠色的植物，沒仔細分辨，不知道它們的身分。

為了拯救被藤蔓纏得看不清楚樣貌，快要窒息的樹木，我一馬當先，左手持鐮刀，右手持剪子，在結成一團如毛線球的藤蔓球中，想幫樹木理出一個小平頭，阿薰說我殺氣騰騰，我只想除之而後快，眼下突然看到一個藤蔓大軍，沿著石柱盤旋叢生青綠色的葉子，這棵藤蔓果然生命力極強，應該也是老傢伙了，才能在園子裡不停地蔓延，我對藤蔓很有經驗，必須耐煩地順著藤，繞過它攀附的樹或石柱或一切固定物，慢慢地摸到它的根，再用刀將根部挖起，丟到操場上晒乾，免去再生的煩惱。

但這次不一樣，我撈起藤蔓沒多久，看到它身上掛了好幾顆嫩綠的瓜，像聖誕樹上的燈泡，不過這些瓜，一顆顆還不小，什麼呢？我想了想，是佛手瓜啊！隨著藤蔓被翻撿推移，地上出現一堆瓜，十幾、二十顆，是大豐收了，原來我們不在的時候，後園的這顆龍鬚菜，生長無阻力，繼續蔓延壯大結果，才會有這麼大的產量。

我把它們都撿起來，趁著朋友來分送大家，自己留下幾顆，這天晚上做飯前，先去園子裡採龍鬚菜的嫩葉，能夠生出那麼多的瓜，就有那麼龐大的身軀，不消多久就採了一籃，嫩葉洗淨，拍幾下蒜頭，爆香清炒，就是一盤好菜，佛手瓜切塊，與排骨一起燉煮，就是一道美味的湯。

龍鬚菜鮮嫩輕巧，在嘴裡一下就嚼開了，口感多汁而柔美，排骨湯濃郁，跟燉到軟爛的佛手瓜融合，忽然有種甜而暖心的感覺，或許是排骨滋潤，與佛手瓜原來的清甜交融，變得甜美溫潤，兩者似乎都還存有自己的個性，卻又可以互相交映出一碗佛手排舞湯的舞曲。

像一對跳著國標舞的男女，排骨是帶舞的男子，佛手瓜隨著他的牽引旋轉，或前或退，踩著彼此的舞步，卻又互不踩點，佛手瓜女舞者偶爾伸展自己的手臂，或華麗或展現弧度，一碗湯，遂有了不同的風情。

這兩位藤蔓倒是教會我，遠離都市格式化的菜市場，吃一下，田園裡本就馴化的、被栽種的瓜，以及野地裡攀爬過來未曾碰觸過的新奇物種，市場裡出現的是植物的某個部分，待整棵植物展現它的完整姿態時，才會知道，啊！原來你在這裡。

另一次，友人來小住，到了晚飯時間，冰箱裡還有前一天沒吃完的火鍋料，就著沒用完的洋蔥、金針菇、肉片，炒個雜燴菜，丸子跟白菜燉菜，還嫌青菜不夠，那麼就去園子裡找找吧！

「有川七誒！」友人說著，開心地拿著籃子來採。

一片片前端呈現尖點的綠色葉子，攀附在園子入口處的大樹上，每次進出，我都沒注意到它的身分，只是另一種攀附的藤蔓吧！我也不去管它，一片片圓圓的青嫩葉子，深色的樹幹打底，疏疏落落的，幾何圖形旁還有些小藤蔓拉出的線條，挺有美感，若不是朋友認出來，我還不知道，常去山產店吃的川七就是它。

撿摘清嫩的淺色葉片，初生的確小巧可愛，也是因為野放的關係，隨手就摘下一藍子，切薑絲、爆香，放進川七炒，加一點黑麻油，去其涼性後，盛起。

川七本有潤滑黏液，吃下去口感軟嫩，也是非常好入口的一道菜，在山產店一道都是兩百元起跳，現在就著幾盤菜一起吃，確實鮮美。

園子裡還有一種沒看過的植物，因為菊兒也有種，我才認識，原來也能入菜。

「那是給鵝吃的鵝仔菜。我們小時候也在吃。」

農家們養鵝，看到田野間好長的葉菜，隨手摘下能餵養鵝群，也能隨時料理上桌，容易生長與採摘利用，也是道家常菜。

短短的鵝菜也叫山萵苣，剛開始離地很近，若一直任它長，能長得像小孩子一樣高，菊兒把它們當門前的圍籬養，這鵝菜便如景觀植物，直挺挺地站著，只留頭上幾片散開的葉子，也有些雅趣。

我照她的方法做這道菜，摘下葉子，又把長高的莖砍斷以後把皮削了，切細細的，煮一鍋滾水，先燙莖一陣後再燙葉，去其苦味後撈起，淋橄欖油，一點醬油，就這麼拌著吃，吃進嘴裡，苦中帶甜，嚼到最後，又有點回甘，風味獨特。

能不能入口，取植物的哪個部分入口，用什麼烹煮方式入口，入口後的口感等等，都反映出植物跟人的飲食關聯性。

吃完飯，收拾好，洗洗碗，園子裡又什麼水果呢？

園子裡的芭樂，是阿嬤的最愛，二十年的老叢，年年結果兩次，果實清甜，結果亦多。

阿薰不辜負阿嬤的期望，認真研究，芭樂需要疏果，要掛上捕蠅板，再加上網狀套袋，效果會更好吧？

他在網路上訂了網袋，一個個套上，因為是務農新手，加上手不夠靈巧，但又是細節控，常看他一個人套著雨鞋，穿著長袖襯衫，站在芭樂樹前一個下午或早上，像做手工藝一個個地套袋，檢視枝條與芭樂，連阿嬤都讚他有耐心。

「我就是愛吃芭樂。」一向務實冷靜的他說。

老天爺沒辜負我們，果然得到最好的果子，一顆顆青色大芭樂在袋子裡長大，個個平安順遂。

有時產量過多，我們回臺北的時候順道送給阿嬤，請她回味一下後園裡，綜合了做農的人的心、山裡面的空氣、家裡的土壤，集結出忠實甘甜的老朋友味道。

後園於我是個結界，那裡萬物滋長，留有阿公阿嬤在的時候，自己種植的果樹與作物，也是一個家庭的食物與財源，甚至是家族綿長的記憶所在；那是土地作物與人的感情的連結，無論如何，我們深深感謝，無需特別照料看顧，就能自然而然長大，供我們採摘食用的，野地菜場。

輯三——記憶之味

譚家麵

那是一縷細麵，有時蜷曲在冷凍室裡，因為久了，始終想不起來何時購入的，有時，是一餅乾燥過後的麵塊，零零落落的剩下一塊，大部分時間，它們單獨存在，因為距離上次一起使用時被遺落太久，就此埋身在冰箱的一角。平常存在感稀薄，在我們物資無虞酒足飯飽時，不會投予一瞥的東西。

它總是在我們飢腸轆轆，冰箱裡空無一物，單獨一人的時候，翻倒整個冰箱上下層時被發現。如今，成了救命的最後一捲稻草。

在冬天的花蓮山邊，飄著雨的晚上，濕氣重，冷風從山邊吹下，在客廳裡簡直坐不住，除非抱上一條棉被，或開著暖燈，冷到最後甚至懷疑，外頭飄的是雨還是雪？徹骨的冷之外，肚子也餓了，翻撿冰箱，只找到幾片菜葉，兩枝蔥，以及這一捲放在冷凍室，看來已經被吸乾靈魂的細麵糰。

煮了一小鍋水，等待水滾，在淒冷孤獨飢餓的冬夜，至少還有這麵糰解救我。

要煮的這碗麵，我暱稱它為譚家麵，是從爸爸那裡邊看邊學來的，小時候，總是看到會下廚的爸爸，在大鍋裡煮上一鍋麵，麵熟之前，把大小七個碗排好，在每個碗裡加點蔥，放點醬油，再滴幾滴麻油：「麻油滴滴香」他的揚州腔國語，滴滴兩字的促音，真的把滴入湯液的麻油感，給唱了出來。

人說揚州話聽起來像唱歌，這是真的。

等麵熟了，依序把麵條放入各個碗中，他拿著筷子稍微攪拌開來，一碗洋溢著鹹香蔥油的麵就完成了，簡單、快速又能飽腹，是當時物資貧乏生活的最佳補給。

等我有了家庭，有時候懶得煮飯，我也依循著爸爸的做法，簡單的煮麵，只是人口少碗也變少了，做法不變，然後跟大家開心地宣布，這是我從爺爺那兒學來的麵，叫做那個，嗯……

「譚家麵。」

不是嗎？我還沒在別家吃過呢！

二〇〇三年我到上海居住，那時的上海還不太繁華，經濟處於將要跳躍的時候，爸爸來過上海兩次，他來住的時候，跟著當地人的生活節奏，自己去社區門口的站牌看公車，買票上車，坐到火車站，回到家跟我說，去北京的車有幾個班次，車程多久，下次可以跟朋友約在北京碰面。

爸爸自小離家，投入軍旅，養成獨立的個性，生活非常自律。因為他的軍人特質，身為女兒的我們，也非在他身旁撒嬌的類型，遑論搭肩挽手的；所以他到上海時，不需我作陪，喜歡一個人走動。我聽他去車站也有些訝異，在上海我們習慣搭計程車，省時也不算貴。後來聽他說才知道，他十四歲的時候曾經跟叔伯，從鄉下一起挑著豬來上海賣，所以，他來上海算是舊地重遊，一個人逛走，跟我說黃浦江外灘那兒改成怎麼樣了等等。他用最適合遊逛城市的交通工具，來看看記憶中的上海，六十年後變成什麼模樣？

除了帶他去城隍廟吃蟹黃湯包之外，那時的餐廳還有些老上海的味道。岳陽路上的一家花園老洋房餐廳做淮揚菜，我們跟他去餐廳吃飯，叫了烤麩、肴肉、蔥烤鯽魚等冷盤，又點了紅燒獅子頭、螃蟹、文思豆腐等菜，最後點了蔥拌麵，我才知道，爸爸煮的麵來自這碗蔥拌麵。

這碗蔥拌麵，菜都上桌後才上，那時已經有些飽了，是給吃了菜還覺得不飽的人填肚子用的。有幾絲在油鍋煸香的黑黃色蔥條殘留，吃的是蔥油香與醬油香融合在麵裡的滋味；大餐廳做出來，講究香氣，煸過的蔥香洋溢著辛香刺激味，經過油的爆裂與爐子的火力，激發出蔥香飛揚的味道，再加上醬油，遂又一起融入麵條裡。

爸爸對蔥拌麵沒有太多的評論，只說獅子頭不夠軟嫩，天下名菜揚州獅子頭到了上海，當然不敵家鄉的原汁原味。

我沒跟他說，我在家煮的蔥拌麵，來自他的做法，只是生在臺灣，我們跟家鄉的做法也不同了。

上海已遠，世界變化，他一向不喜麻煩兒女。在離世前住院的病榻跟我閒聊，我才知道，那些年，他可是跟著朋友，跑遍了大陸，也曾經到過緬甸；說他到雲南的時候，因為感冒，身體很虛，他想找醫生打個補針，當地人叫他抽三口大煙，抽完精神就好了，他抽了一口，果然精神好了。

病床上他的精神不錯，不需要抽大煙；只是，他想出院，兩次該出院時都被醫生攔下，說體內有感染，不能出院，因為還找不到感染源：

「蔣總統活到八十八，毛澤東八十二，大好的江山又怎麼樣？我夠了。」

是的，九十三歲的他不只一次的跟我們說，不戀生亦不懼死。

說真的，從我結婚離家後，不清楚七十歲以後的他，在海內外的跑，足跡比我還廣泛，是在追尋什麼？未完的夢想？淘金夢？一輩子沒出去遊玩的遺憾？他常說要訂機票出國了，而我的瀟灑媽媽從來不過問他的行蹤。有時候我覺得，自己編故事愛幻想的能力，或許來自正直過前半生，後半生追尋夢想，足跡踏過五湖四海的他？

時光荏苒，孩子們漸漸長大，在外面吃過嚐過的各國餐點也不少，有時，我說來吃譚家麵吧！那麼簡單又好吃，卻被嫌棄：「哎呦！好單調喔！」饒是我三寸不爛之舌，強力推銷並一再強調，那是家傳的麵誒！真的很好吃啊！你們有時在家沒東西吃時，煮一個麵多好，「我們有吳博益。」他們說。

我看著窗外一片黝黑的山，等水滾的時間，加入揚州做法，把油鍋加熱，蔥切成細條，進去煸一下，倒進碗裡，加點醬油。另一邊，水滾下麵，麵熟後撈起，放進碗裡拌勻，再把幾片青菜燙熟，放在麵上。

冬夜裡，斟上一杯威士忌，吃著飄洋過海，因為風土年齡，變得比較清淡不重鹹的譚家麵，再喝一口混著麥香的醇厚烈酒，酒足麵飽，冬夜的小屋也沒那麼冷了。這碗單純不靠做工取勝，又能迅速飽腹的好麵，就像操著一口揚州鄉音國語，一生對國家、家庭、朋友盡責的爸爸，能量鮮活，靈魂不滅。

大小姐的青椒牛肉

我媽總說她不擅烹煮，拿不出什麼好菜可以招待客人，所以客人來總是外出吃飯，可是在我的記憶裡，從小到大都有便當可帶，如果菜煮得不好吃，我一定想辦法擺脫便當生活，所以，我想她跟我一樣，只是對自己的廚藝沒信心罷了。

記得有一次阿姨來家裡，聊到晚餐時間，阿姨們不願勞動媽媽去外面吃，看到一鍋昨天滷好的蹄膀肉，與兩樣炒好的青菜，就座而吃，吃了兩口便說：

「撒基口煮的菜真好吃，那誒講袂曉煮，這就是家常菜誒味啊。」

阿姨們澆著滷汁連吃了兩碗飯，放下碗時一臉心滿意足。家常菜的味道，就是承襲母親的手藝，就是多年來自家研發的菜色，就是吃進嘴裡能夠喚醒記憶的，飽足腹肚的熟悉滋味，這年媽媽八十二歲。

我媽小時候的名字叫幸子，日文發音是撒基口；光復後，我阿公把她太日本的名字改回；幸兒，子與兒同義，我媽說她伯母總是跟她說，你是個幸福的兒童。

十六歲前，她是非常幸福的。阿嬤生了她以後，隔了六年才生男孩，所以六歲前，她是獨生女，爸媽的掌上明珠。由於阿公有三艘船，生意做很大，雖然做的是非公部門認可的生意，但是，富貴險中求，那時她家在延平北路的四合院。

她想去看電影，跟阿公要錢：

「阿公就是慷慨，一擺攏予我十塊，彼當時錢真大。」她說。

帶著小她兩歲的堂弟去看電影、吃飯，堂弟乖且父親早逝，至於底下的弟弟妹妹，不聽話她是不帶的。

阿公的慷慨不只表現在自己的女兒身上。那時，陳家男丁凋零，媽媽的堂姐與堂弟兩家，都是孤兒寡母，阿公讓這兩家入住大院落裡，一起照顧。物換星移，我記得跟媽媽去我大姊紐約家裡玩，約好時間，去看望住在波士頓的媽媽的堂姐，她寡言少笑容，跟媽媽在庭院的樹下坐著敘舊，轉頭看到我便說：

「你媽媽尚好命，細漢時，每天穿水手領制服去靜修女中讀書，我只能在厝內做手工，多看兩眼，還被你阿祖敲頭殼罵，教我趕緊做。」

我在上海的時候，她每年會來住一個月左右，有時自己一個人，去附近的店裡看衣服、洗頭，家裡有阿姨打理，她什麼都不要煩心，似乎又回到她幼年時候。她說，那時家裡有兩個傭人，一個帶孩子，一個煮飯打掃家務，打掃的那個有點三八，阿嬤喜歡碎唸她，但是：

「雖然三八，個性直來直往，卡袂黑白來。」她看著我僱的上海阿姨小吳說。

從小到大未看她自己洗頭，她總趁家務完畢，晚上出去洗頭。狹小的客廳裡，五個孩子東倒西歪地看電視，她總會跟大家說，等她洗完頭回來帶糖果給我們吃。

她從未食言，每次等她頂著吹得蓬鬆的頭髮回來，總會有一袋五顏六色、上面沾滿糖的玻璃球糖給我們，一顆含在口中，甜甜蜜蜜，非常滿足。

有年我從上海回來，她說，我們去吃波麗露西餐廳吧！

車至波麗露西餐廳，於我那麼陌生的街道區塊，卻盡顯滄桑，留下的是過去說不完的繁華，她嘆說：

「啊！街道變成安捏啊？」

夢裡，幾十年的時間過去了，也是夢裡，舊日時光彷彿回到這條路上。她說童年的家就在附近，那個蹦蹦跳跳的無憂無慮的女孩子，被手上戴著金錶跟五六個金戒指的媽媽，牽著手，進出當時第一家西餐廳，確實是嬌生慣養的大小姐啊！

我們點了牛舌、牛排，上年紀的她牛舌已經吃不大動了，嚼了幾口，彷彿覺得時光無法倒回，剩下的只是現實的感受，牛舌並不如小時候那般美味呢！牛舌是她媽媽的最愛，她來吃的是「懷念」吧！她還是吃自己愛吃的牛排就好。

家道中落後，她開始要過一般人的生活，她是適應力非常強的人，那個年代，不能適應只有淘汰。她嫁給爸爸，是自由戀愛，生養五個孩子，在眷村裡跟大江南北的人居住一處，也學會了一些外省語言用字，我在上海被不遵守合約的江西房東刁難的時候，她也在場，她跟房東說有個房間的床只有木板，沒有床墊，硬梆梆的如何能睡？

「用上海話講，叫做癟三。」她用上海話說癟三兩個字。房東臉色一僵，頓時被戳穿。媽媽的五湖四海走跳個性，約莫也是來自做生意的阿公有樣學樣來的，更別說她還一人直飛紐約兩次，一路烙英文探視我姐，常在電話裡用日文和她朋友講祕密，如果國家特務系統需要，她可是個人才。

我在上海開始知道她幼年的生活，之前，她從不跟我們炫耀，小時候如何嬌生慣養，往者已矣。我「認識」我媽媽時，她就是一個家庭主婦，要洗衣買菜煮菜帶孩子，雖不擅家務，但還是什麼都做。

她還保有一些少女時期「虛華」的習慣，喜歡買衣服，花錢大手大腳，還會邊炒菜邊唱歌，唱黃梅調，喜歡剪雜誌上的偶像圖片收藏，她的偶像是伊莉莎白女皇、黛安娜王妃跟瑪麗蓮夢露，有一陣子，她晚上睡覺會放鳳飛飛的閩南語唱盤，好聽得不行。

她煮的一道菜，雖非我家名菜，但那時，剛好同學阿三來家裡住，在我家吃了晚飯，餐桌上的青椒牛肉，被阿三稱讚到我懷疑人生的看著她，一向安靜的她何時這麼會巴結？這位同學遠嫁日本近三十年，每次回來，講到譚媽媽，都要提到魂縈夢牽的青椒牛肉。
這道菜非臺菜，常出現在川菜館裡，每家做法大同小異，看似不難，掌握好牛肉的烹煮前後方式，其實是很快出菜的一道菜。重點是，讓同學魂縈夢牽，稱讚到可以咋舌的方式為何？
我們在日本料理餐廳吃飯，媽媽一雙眼睛根本看不到眼前的生魚片，只能大約用筷子與湯匙，邊夾邊舀的把食物盛起，放進嘴裡，黃斑部病變讓她幾乎成盲人，治療多年不見起色，連出門也少了⋯⋯
「出門也看袂到！」她說。
這年她八十六歲，但是她仍然腦筋清楚，我等她把生魚片吃完後，問她煮這道菜的訣竅。
「牛肉絲先用切碎的蒜頭跟醬油醃好，淋一些油後，放進冰箱，待暗時要煮飯時，倒一些蕃薯粉下去抓一抓。記住鼎裡油要多，先下牛肉絲，揀揀誒！牛肉絲散開了，先盛起，再倒油，把切成細條的青椒下鍋翻炒，把青椒也炒到軟軟了，倒入牛肉，吃吃鹹淡，就好啊。」
領到家母心傳燒菜秘笈，我決定煮這道菜，把材料備齊，依樣畫葫蘆，經過一番功夫做好，放在餐桌上請家人品嚐，有人客氣地說好吃，有人直接說一般般，太淡了。

是哪兒出問題？醬油不夠多？我一向不愛吃太多醬料。沒放味精？食安要注意。再加點鹽？對腎臟不好吧！油下太少？血脂都爆錶了不是嗎？

「如果一直強調營養安全，那就什麼都別吃了。」給負評的那位說。

我看著不受歡迎還留有剩菜的盤子，因為少油顯得乾澀的牛肉，沒了鹽巴的青椒雖然本身鮮甜，但好像沒跟牛肉作伙的感覺，醬色只留在牛肉上，青椒只管自行發青發亮，不沾牛肉香，各唱各的調，我必須承認，根本沒有媽媽的味道。

「今罵目瞅看沒，沒法度再煮一次。」我還沒說，她已經說出來了。

我決定哪天要再去市場買菜，遵循媽媽說的方法，希望自己可以大器一點，大手大腳地盡情揮灑醬料，顧及家人的口味，做出既是大小姐，又是餵養一家四代的阿祖的青椒牛肉味。

安樂廚房

小時候，家是一個大聚落，眷村的房舍緊挨一起，隔壁的王伯伯是浙江人，對面的魏伯伯是四川人，斜對面的王婆婆是廣東人，我在多元的環境裡，接受各省的語言刺激，每一省的腔調我都聽得懂，唯有王婆婆的廣東話太深奧，聽不明白。

在大聚落裡安身立命的我的爸媽，建立一個小小的家，家裡的廚房不大，位在長方形的家中略後方天井的部分，我還記得下雨的時候，雨滴淅瀝淅瀝的滴到小水溝裡，我們穿過，還得稍微遮著頭。

記憶幽微，那時候，只有一個簡單的瓦斯座，一只炒菜鍋，負責一家七口的三餐，有時單爐忙不過來，還必須把角落的煤爐提出來，把一顆煤球放進去，媽媽撿片柴，點燃後，放到煤球裡，煤球發出紅火後，把湯鍋放上，燉著菜頭湯。

一切從簡，物資匱乏的年代，爸爸的薪水要養活一家人不容易，我是家裡老么，上面四個兄姐，到我的時代，其實已經大大減少匱乏感了；但是，我還記得，媽媽偶爾買隻雞回來，雞已剁好，她煸了幾片薑，爆香蔥蒜，把雞肉放下去炒到半生熟，淋下醬油，開中火，蓋上鍋蓋燜一陣子，再翻炒一下盛盤，那香味……一群小孩變得餓貓一樣追到廚房裡流口水。

小小的廚房裡有個方型餐桌，還沒開桌吃飯，最受寵的獨子我哥哥，已經捏了一塊雞肉放在嘴裡，兩片油花四溢的嘴唇嘰嘰咕咕的嚼著，我也想來一塊，卻被喝止了，待大家上桌，風起雲湧的一掃而空，爸爸說：

「以後天天買肉，讓你們看到肉就不想吃。」

餓貓們挺著瘦瘦的身軀，嘴邊都是油，心中暗想，怎麼可能？

跨過幾十年的記憶隔空回望，那舊日廚房狹小，怎麼容得下七口的餐桌，以及一個放菜的櫥櫃呢？

爸爸是江蘇揚州人，江浙男子會做飯是傳統，少小離家到臺灣，一切得靠自己，何況每日吃食，動手做菜，是本省爸爸少見的事。

我記得爸爸利用軍中配給的麵粉，做餃子給我們吃的時光。

先把麵粉攤在桌面上，用碗取水，以碗計量，將水與麵和在一起；慢慢地，那麵粉形成麵糰，他一雙手在麵糰上揉捏著，一道一道的揉，將他的力道揉進麵糰裡，於是原來鬆散的麵糰成了一塊有彈性的球，再把那麵糰分塊，一塊揉成一個長條，用菜刀將長條切小塊，此時，餓貓們就得上工了。

餓貓們的小手掌攤開，將一個個小麵塊往下壓，壓成扁平狀，然後，所有外省家庭必備的廚房利器，桿麵棍就出現了。

爸爸一手滾著麵棍，一手轉著小扁麵糰，一張張水餃皮就成型了，媽媽拄著筷子，把爸爸拌好的高麗菜餡放進麵皮，不靈活地用拇指食指把麵皮掐緊。

「雙手握緊，剛好合握整個餃皮，用兩個大拇指交疊壓下，壓緊餃皮兩邊，好了，放在盤子裡還能站起來，這才叫元寶。」

這是爸爸的包餃子標準，我也慢慢學會包餃子了，只是揉麵，擀餃皮，卻從來沒做過。

廚房不在大小、新舊、器械精美之有無，在於，能不能煮出好吃的菜，這道菜，進而成為家族裡傳承的記憶。

每到春節前，爸爸一定要進廚房，做一道他的家鄉菜，「安樂菜」他說。為了這道菜，媽媽總會緊張的碎碎唸，因為春節要搶菜，又因為裡面有十幾樣菜，每一樣都不能漏掉，漏掉了，就失去原來的味道。

安樂菜每年只這一次隆重出現，因為太繁瑣了：

「不是只有買，買完了還要回來清洗、備料、真正麻煩。」媽媽說。可是這道安樂菜，一定會在除夕晚上登上餐桌，由於量大，會放在冰箱裡，初二才能消化殆盡。

小小的廚房裡，他倆在準備這道菜，肉要切絲，大黃豆筍乾要清洗過，大蒜拍扁蒜苗切段，豆乾切片，芹菜摘葉切段，胡蘿蔔削皮削絲，香菇要泡，還有荷蘭豆要剝，有次我好奇的問：「不能是別的豆嗎？」「不行，就是荷蘭豆，只愛裡面的豆仔喔！」媽媽說。

他們一邊洗菜一邊切菜，這道安樂菜一定要四手聯煮，因為菜多工序繁瑣，兩人一輩子愛吵架拌嘴的

場面又出現了，一個說要先弄芹菜，一個說要先洗筍絲，不像四手聯彈有琴譜分工允當，吵吵鬧鬧中，香氣四溢的安樂菜，仍然每年隆重登場，餓貓們慢慢長大，沒那麼饞了，爸爸的預言實現了，看到肉都不想吃，只挑肉邊的菜吃。

後來我出嫁了，初二回娘家，媽媽還是會從冰箱熱好安樂菜給我吃，雖然沒有剛起鍋的新鮮，但是因為時間的催化，反而更入味，更好吃！

此時廚房已經汰換過一次了，早時眷村拆掉，搬進國宅大樓裡。

廚房仍然不大，但已經跟餐廳隔開了，我有自己的家庭，更飄蕩到廣東上海等地。

回臺灣後，每年除夕安樂菜已不復見，爸媽說老了，煮不動了，我問了兩人安樂菜要什麼料？要加醬油嗎？免啦！要醋嗎？要酒嗎？攏免啦！媽媽說。

「煮好淋一點香油就好。」爸爸說。

我儘量不漏失任一食材，兩老囑咐菜要全到位了才算數，的確是每樣菜只一點點，煮起來卻好大一鍋，除夕夜，我煮好了分送一鍋給爸媽，自己一鍋吃得好開心，外子兒女卻都沒興趣，我一人吃到初二，還是那麼好吃。

「有像嗎？」「太淡了，不夠入味。」爸說。「筍子有點苦，還是阿寶那擔卡好卡幼。」媽說。

倒是久未吃到安樂菜的姊姊說：「很像啊！有煮到那個味道，明年再來一鍋。」

如今爸爸已逝，媽媽視茫茫，舊日身影與我家廚房相映交疊，我一人揀菜掌勺，安樂廚房不打烊。

無筍我的愛

辣椒阿公慢慢地拓展他的栽種蔬菜範圍，那是一種屬於他的節奏，慢慢地，每天做一點點地，像蝸牛一樣，悄悄探出觸鬚，無聲無息，當我發現的時候，那蝸牛已經越過視線，出現在那端。

那端，是一片竹林，小小的並不大，我看他蹲伏在裡面，是在ㄎㄠ筍子嗎？沒有啊！他說，確實，ㄎㄠ筍都是一大早，等到天光大亮，筍子要老了，我像鷹一般盯著他，如果有，要賣給我喔！

年輕時，不知道自己愛吃筍，生活在臺灣，竹筍就像風景一樣，四處充盈而不珍貴，臺灣的土地與氣候非常適合竹筍，竹筍也不大需要看顧，像辣椒阿公也只是偶爾進去拔拔小草，家家戶戶都做過竹筍的菜色，更別說，小時候讀書，有道教育「明方」叫做「竹筍炒肉絲」，哪個小朋友沒服過這帖方子的？

小學時一班五十多個人，誰調皮搗蛋，老師把竹籐撈出來就是一頓打，打手心、打屁股、打小腿，甚或有個音樂老師，我們現在同學會，講到她都覺得匪夷所思，只不過看不懂豆芽菜，也要往男生的小光頭上，敲下一記竹條，我此生不願當老師，恐怕跟幼年遭遇留下的創傷症候群有關吧！

撇開明方不談，我家的竹筍真的是炒肉絲啊！媽媽下鍋爆香的辣椒，先嗆了她一鼻子，連打了幾個噴嚏，哎呦喂呀！在鐵鍋裡翻炒著，肉香陣陣傳出來，然後抹抹眼淚，繼續烹煮，等到上桌的時候，肚子無油的我們都搶肉絲吃，至於竹筍，是肉絲搶光後，聊勝於無的澀澀的菜。

除此之外，就是竹筍排骨湯，飯後，每人來一碗，排骨算是點綴，筍若是夠幼細，大約吃個一兩塊就夠了，湯嘛！喝下就是。

直到我去廣東居住，南方與臺灣不遠，但是卻還是犯了思鄉病，吃的是公司的伙食，大廚是江西人，煮的菜色偏鹹偏辣，一直調和到最後已經靠近臺灣口味，但並不是真的臺灣味，回到臺灣，每次外食，我看到菜單上的竹筍沙拉，非要來一盤不可，才知道，竹筍沙拉居然是我的解鄉愁良方。

以前沒注意的小菜，隨時點都有的，小小一盤，滾刀切成的白色竹筍，堆疊在盤子上，上面隨手繞了幾圈美乃滋，猶有幾枝小竹籤髮簪似的嵌在上頭，揀了個白玉般的筍放入嘴裡，那清甜，透露出筍子本身的甘美質地，而加上美乃滋的甜膩潤澤，中和了筍的纖維質，又豐富了從小吃到大的美乃滋的回憶，彷彿有了美乃滋的食物，一切空虛與惆悵，都有了甜蜜與餘裕。

我一個人可以吃掉半盤，要不是在座還有別人，掃光一盤完畢。

而廣東也是有竹的，在哪？有天我聽到大家要去吃筍，我也急著參加。到了餐廳，才知道是桂竹筍，一片片大大寬寬的筍片，用大鍋湯煮，盛上一碗，不似臺灣的桂竹筍，品種較小，較幼嫩，廣東竹大而粗，雖不柴澀，吃下去只留筍味，也沒有別的東西互佐，煮的方式也太單調，無法一解相思之情。

我自己來處理吧！

要吃沙拉筍，其實不難，春夏的市場裡，常有筍農自己挖的筍，尾端還搭著泥土，現場叫賣，我嘗試跟他們交關，可惜的是，吃到嘴裡並不符合我的標準，有時偏苦有時偏瘦，於是我跟固定的攤販買，肥肥大大的筍身稍彎，品相莊重的綠竹筍泡在冰水裡，回家，立刻將筍放入大同電鍋內鍋，不加水，外鍋放兩杯水，跳起來後，泡冷水，放冰箱。

晚飯前開始處理，扒掉外面環環包覆的殼，削去筍尾較粗的地方，以及筍尖較苦的部分，有時忍不住，還會在尖頭的地方，咬一口嚐嚐，畢竟那麼嫩軟幼秀，像嬰兒一般，任誰見了都想咬一口，筍尖有時甜有時苦，再來滾刀切塊，旁邊放一球美乃滋，晚餐時間人還沒到齊，我先徒手抓一塊，沾上半截筍的美乃滋，放進嘴裡，啊！好吃極了。

沒有綠竹筍的竹筍季節，該如何？

還有接棒的桂竹筍呢！

市場裡有殺青煮過的桂竹筍，一開始我買的時候不懂，專挑看起來肥大完好的，回家煮好卻覺粗糲，原來桂竹筍跟涼筍不同，細小者纖維細，比較好吃口感亦好，買回來把它從頂端用手一段段的撕下，再把它切成小段，這會兒要學媽媽做菜了。

「市場說煮過，轉來還是愛先燙過，切好，鍋子裡面下油，哪是有肉絲卡好，有肥諕卡油，因為竹筍會吃油，先下一點蒜頭、番椒，攏欠香好，肉絲放進去，炒炒揀揀諕，等差不多肉變色了，放竹筍。」

我耐心的一個步驟一個步驟走，那竹筍在鍋裡跟油與肉絲混在一起，開始有些什麼改變了嗎？還看不出來，烹煮，時間火候都是關鍵，我加了醬油，並且還有一個重點，糖。

糖能使竹筍豐厚，稍微蓋過帶苦澀的竹筍，又能讓醬油不那麼死鹹，而那之前加進去的辣椒，其實並不是真辣，除了在一片醬色中亮出紅點之外，在嚥下竹筍前，能有一個拉高音的節奏，刺激被鹹甜味遮蓋的味覺。

轉小火繼續悶煮，等到湯汁收得差不多了，關火，不掀蓋，讓它繼續燜一下，燜一下的時間裡，蒸氣會慢慢聚集在鍋蓋上，讓熱流在鍋中跑一陣子，鍋中的菜色會更加柔軟蘊藉。

打開鍋蓋，香氣四溢，盛盤以後，迫不及待地夾一口，吃吃看，做菜的過程像做實驗，材料的當季新鮮與保存方式，火候的大小與時間拿捏，醬料的配合輔佐，甚至與做菜者當天的身心狀況都有關，太累太急，做不出需要時間的菜，沒有把握時，亂加佐料隨時開鍋看都會影響菜色味道，買到當季的菜，已經成功一半，所以吃筍也得ㄉㄧˇㄡ時。

這第一夾，就是驗收的時間，也是關鍵，竹筍包含了肉的肥厚，顯得不那麼纖維畢現的太有個性，加上醬料與香料的聚合，保它原有的清苦味，爐火的燉煮時間，讓幼嫩處更細緻，粗梗處容易咀嚼入口。

微辣的尾音確實有助於這道菜的層次，再加一塊肥瘦肉入口，飽含竹筍清苦原味，顯得沒那麼肥而油膩，但也不想多吃，因為竹筍才是主角。

辣椒阿公畢竟沒有賣我竹筍，或許他收成的時候我不在，沒關係，鎮上的市場裡有阿姨會擔來賣，那天進市場已近中午，我騎著單車慢慢地晃，午市在收攤了，也沒什麼好買，卻在轉角處，看到一個阿姨在賣筍誒！又長又大的筍羅列在地。

「自己種的啦！便宜賣給你，要回家了。」她說。

「這是什麼筍？」我問。「烏殼筍。」她說。

我如獲至寶，買了三隻，黃昏煮飯，剝殼洗淨把底部多餘的粗纖維削掉，把潔白的筍子切絲，冰箱沒肉，無妨，清炒筍吧！

我在鍋裡加了蔥，再下筍一起拌炒，我想到這是清炒，不要讓筍子吃起來太軟，而是清脆爽口的一如我的沙拉筍，於是夾起一片嚐嚐，嗯，還是太硬，再加點水，吃起來還滿清脆的，起鍋。

這頓晚餐，我的重點就是好久沒吃到的筍，雖然清脆，但是嫩尖有點苦，阿薰吃了兩片就說怪怪的，不再吃了，哎！不懂筍的人當然不吃，「無肉令人瘦，無竹令人俗。」筍子加減有點苦，我一個人就著飯吃掉半盤，太喜歡了。

飯後在客廳看電視，看著看著覺得不對勁，頭開始昏沉，呼吸有點喘，更怪的是，心臟好像很沒力，只能不支倒在木椅上，我說：

「那筍子我吃了那麼多，可能是筍子的問題。」

過一會兒還是不對勁，我查了一下谷歌，醫生說，生竹筍含有氰酸，吃下會造成氰化物中毒，氰化物會抑制身體利用氧氣，缺氧，造成酸中毒，嚴重者會抽筋或死亡。

原來我中毒了。

「我就覺得味道怪怪的，你還一直吃，先等一下，真的有問題，就送急診。」阿薰說。

休息約一個小時後，人才緩緩地恢復正常。現在看到竹筍還會流口水嗎？記得滾水殺青去毒！真的，仍舊無損我的愛。

隨喜菜

鄰居世代居住在玉里的山邊，這裡靠溝渠的一條房舍，都是親戚。有時候跟著菊兒叫著，叔母、伯母的，但是見了面，一律稱呼大哥大姐。

靠近水源地的住家前後院都有園子，一直以來都種植果樹跟青菜，自給自足，若非為了吃肉，也無需去鎮上採買，而隔壁的大哥與大嫂，就在附近竹林裡的農地，種了好多青菜。

「我們把菜賣到鎮上的菜市場，賣了很多年了。」大嫂說。

大哥大嫂兩人是夫妻，八十歲以上了，居然還在種菜，而且是大量的菜，他們每天六點多騎著腳踏車到園子裡，把收好的菜放到車上，載到市場，盤商跟他們說好價錢交貨，然後回家。下午兩點多，又騎著腳踏車去菜園，開始翻土、拔草，再種青菜，收割長好的菜，在溝圳清洗一下，綁好秤重，把第二天的貨整理好後，便騎車回家。

我很喜歡去他們的菜園，拎著我的鄉村界LV網袋，口袋放著點零錢，一路散步過去，跳上小臺階，腳下是水源地流出來的輕淺水流，緩緩地流過，斜陽灑在水流上，靜謐又可愛，頭上是一片竹林，拱在兩旁，當我雙腳踩上架在水流上的木板時，看著閃閃的水流，穿過這條小徑，彷彿跨進另一個時空。

菜園共分三階，第一階種了當季的長年菜、大陸妹，每排都乖乖地站著，青翠欲滴的菜葉，映在黑土上，特別嬌嫩，有些長得特別大。大哥大嫂蹲坐前後泥土上，大哥除草翻土，大嫂收割，我一路跨過像士兵般整齊劃一的菜，看到樹旁滾落的蝸牛們，灰白的殼多不勝數：

「不灑藥不行，蟲會吃菜，就沒辦法賣了。」大嫂說。

「那煮菜前要怎麼洗才會乾淨呢？」我問。

「一樣洗個幾次啊！」大嫂毫不遲疑地回。

我跟他們說完話，又往第二層跑去。

爬上幾個石階，第二層種的是韭菜、辣椒、空心菜。他們還沒整理到這裡，我沿著菜埂邊走邊欣賞，辣椒都還是青色的而且並不夠大，菜也都還幼小。菜園裡蚊子多，但是非常的安靜，或許是有樹木圍繞，把周圍的聲音給遮蔽了。

第三層則沒有什麼作物，只有種幾棵果樹。

「年紀大囉！做不了那麼多，只有把地整理乾淨。」大哥說。

大哥講話斯文，話不多，永遠笑笑的，只有一次，一邊摘辣椒，一邊跟我說，他九歲的時候從宜蘭遷移到這裡住，有一隻眼睛視力不好，看不清楚。大嫂有著客家婦女的勤勞節儉刻苦精神，對外的生意都是她在接洽，菜園裡的農事做完，必須回家煮五到七個人的晚飯，還是用以前農家劈柴生火的大灶喔！

我總是跟她說要買大陸妹或高麗菜，她身手矯健地起身，走到高麗菜旁，用小鐮刀一割，摘下一顆高麗菜，順手又割下幾株大陸妹，半買半送地滾進我的網袋裡。

「還要嗎？夠不夠？」她問。

「夠了夠了，太多了，謝謝大嫂。」我連聲道謝，感謝她的慷慨大方。

兩人每天如是種菜、收菜、去市場交貨，有時候經過我家們口，都會點頭微笑打招呼，非常的親切。

每次從菜園回來，網袋裡都是現摘的青菜，沉甸甸的，慢慢回家，把長年菜從袋子裡取出，好好端詳一下，長葉翠墨，短葉青嫩，浸泡在水裡，用手撕葉，順著纖維肌理，將水煮滾，把園子裡種的薑片放進鍋裡，煸一下，放入雞肉，加入長年菜，開始滾煮。

等待的時間，十二月的暖陽照在縱谷裡，海岸山脈呈現一片清明，從家裡的窗戶望出去，幾朵雲浮在山上，在寒冷的冬季裡，毫不吝惜地施放熱力，此時燉上一鍋長年菜雞湯，讓身體吸收節氣的變化，帶來一些滋補。

長年菜是客家人最喜歡利用的菜，舉凡薑絲炒菜，晒乾備用當梅乾菜，隨時可以燉肉；一棵長年菜又大又肥，足以滿足家人的胃口，又善於變化，可提供各種實用方法；一捲梅干菜輕巧放在行囊中，遇水則可應付各種遷徙；在需要菜葉類的食物時，能夠立刻上桌，又甜又鹹的滋味，進入口中，下飯之外，瞬間拉出藏在基因裡的家鄉菜味覺，吃下肚，安心又安慰。

大嫂一生持家有度，別人對她的好，她含笑接受；別人的不對，她也毫不猶豫地堅定斥責；她對別人的好，從來不掛在嘴上；凡事都用行動表達，也是我們鄉下生活，不言而喻的一種情誼。

屋側的柴扉放了一些細柴，是阿嬤以前細細劈完，一綑綑紮好，隨時要用大灶時，可以引火燒柴，自我們搬來後，沒人動它，大嫂問過阿嬤，拿去家裡燒，這是她們之間的情誼，住在屋子裡的我們，卻也受惠於此。

偶爾的早上，拿衣服到洗衣機旁時，看到旁邊的小桌上擺放一顆高麗菜，有時，是一堆大陸妹，有時，是一堆長豆，那是他們倆人早上五、六點，騎車到菜園裡，從園子裡把菜抬上車，開到市場交貨，經過我家時，留下當令最新鮮的蔬菜。

只是沒多久，我就吃不到這麼新鮮的菜了。那次從臺北下來，我站在路口，看看能不能遇見大嫂，左等右等也等不到人，我帶著我的農家名牌袋，往菜園走去，一跳上臺階，穿過時空邊境的木板小橋，進入結界，看到一向在田裡做不停的大哥，坐在藤椅上，神色蕭索。

原來是大嫂脊椎生骨刺，站也痛、躺也痛，坐著還好一點，準備去市區開刀，這是我第一次看大哥如此氣餒，他說，孩子們都不在家裡，哪一天老人突然摔倒了或怎麼了，沒人在旁邊，誰都不知道，我站在他身旁也不知說什麼才好，只說，現在醫療很進步，開刀其實不難，但是，大哥彷彿沒聽到，還是很沮喪。我只好放下給他們的蛋糕，默默的走了。

希望一切如常，不知何時還能接到大嫂的隨喜菜啊？

冰釋

「你覺得今年夏天是不是特別熱？」

朋友見面的第一句話，我們對看，如同鏡子般映照彼此的模樣，高溫下的行走，彷彿經過戰爭洗禮，出門前蓬鬆的頭髮如今貼在額前腦後，因為路途艱辛，一雙眼睛顯得疲憊迷濛，身上的衣服汗濕貼背，曾經因為穿著長褲出門，被熱氣烘到快虛脫。

幼時的太陽也是這麼大，暑假的下午，整個眷村安靜地只聽得到知了叫聲，大家躲在房裡不敢出門，那時雖然沒有冷氣，但沒有大樓，大同電扇搖頭擺腦的催人入眠，狗也懶了，躺在陰影處，伸出舌頭哈氣散熱。

酷暑下，永遠會有村子裡的男生，或孤單、或兩人、在籃球場上投籃，跳起、球落、撿球、三步上籃，球落地的聲音，咚，咚，咚，敲在每個午睡的叔叔阿姨們夢中。

我們幾個小鬼，不怕熱，個個身穿無袖衫短褲，坐在屋下的影子裡，玩大富翁跟紙牌，或歪或坐或倒，玩膩了，口也乾了，就去巷子口的王媽媽開的雜貨店吃冰。

王媽媽甚有生意頭腦，領先風氣買一臺鑄鐵的剉冰機，我們幾個坐在門口的折疊桌前，目不轉睛地看著王媽媽從冰櫃裡拿出一塊透明的冰塊，放在機器上，再用手扭轉機器旁邊的齒輪，將冰塊上下咬緊了，手轉著把手，白色而綿細的冰開始滑入底下的碗，像雲朵般蓬鬆疊滿，多麼華麗啊？

這套等待的儀式，結束在王媽媽淋了一堆橘黃綠紅色的化學汁液糖漿，把冰放在我們的桌上，我們拿起湯匙，迫不及待地亂戳亂翻地把所有顏料拌在一起，吃在嘴裡，酸酸甜甜的滋味，嚥下那個時代物資缺乏的飢渴。

幼年時的熱，只消幾塊錢，隨著冰涼的甜下肚，屬於飢渴的熱，也跟著消去了。

青春期時和朋友一塊吃冰，應該是人生中吃冰最多，也最痛快的歲月吧！正在發育的身體熱火朝天，吃冰一定要群聚吃，就像喝酒，一定要一群人才夠勁，一個人吃冰未免淒涼，如同一個人喝酒般蕭索，我們搭著那時還沒被捷運取代的的淡水線火車，沒冷氣站站停，窗戶都開著大大的，到沙崙海水浴場，踩著沙，泡在不太冷的海水中，玩到盡興了，再衝去冰店。

冰店裡生意好，電動剉冰機尺啦尺啦的轉動聲沒停過，就著窄窄的桌子，一人叫一盤刨冰，隨人愛加紅豆芋頭、百香果鳳梨的，看著堆疊如山高的冰菓，臉跟手臂都晒得像叉燒肉，嘴巴一笑露出白白的牙，一人一湯匙挖著冰，露出碗底的料，那叫做青春。

後來開始學中醫，老師有三寸不爛之舌，把中醫當宗教，自己當教主，說人體越老越衰，若你手腳冰冷，特別怕冷，女人月經來還會痛，腸胃禁不起冰寒，一吃冰就當機，吃多了老得快，你怎麼還能吃冰？

那時我年過四十，句句打在心上，我都有啊！自此，冰品成了毒藥的代名詞，能不吃就不吃。

今年的第一碗冰，是在四月底。

長年旅居上海上的老友，回來照顧年邁走向最後一哩路的爸爸，沒多久上海封城，這邊，是形銷骨立終日臥床的老爸爸，那邊，是被封鎖的上海老婆與女兒，我與他見面聊著二十年各自發生的事，吃完飯，兩人還不想離去，永康街就在對面，不吃冰的我，為了讓久未歸鄉的老友嚐嚐家鄉味，說：「去吃芒果冰吧！」

好大碗的芒果冰，我們共食，我一口他一口的挖著，下午一陣急雨，空氣濕涼，芒果碩大金黃，顏色香氣飽滿，再加上冰上的冰淇淋，甜到無上限的滋味，眼睛是飽了，但天時不對，一口一口吃進去肚裡，竟覺得冷了。

信奉教條的我，畢竟是做得過火了，殊不知，保元守一，陰陽調和，才是自然的定律。

七月花蓮的太陽，是能咬人的，和阿嬤在屋廊下聊天，她說外頭籬笆上：「有長豆，很好吃。」我想摘點給她帶回去，才走出陰影處，她就大喊：

「現在中午了，不要出去，太陽狠毒的。」

我仍然執意走去拔了幾條，再走回來時，發現皮膚熱燙，烘烘地在發燒，肉眼看去真的立刻發紅了，臺語俗諺：「第一做冰，第二醫生。」臺灣的夏季，若沒有冰消火，怎能平衡？

縱谷連續高溫逼近四十度，多日無雨，太陽下，人蟲俱寂，而我的牙齦浮腫好些日子，熱到萎靡，就連路上的雜草都快枯萎的時候，我推翻教主，斬斷教條，堂堂正正地進了冰店，叫了一碗四寶冰，選了喜歡的鬆軟芋頭、大紅豆，下面鋪著老闆自製的甘蔗糖水剉冰。

一個人，從頭吃到尾，乾乾淨淨，毫無懸念，冰入嘴裡，腦門一陣緊，眼睛都瞇起來了，乾涸的身體吸吮著冰水，快速地吃著，一口接一口，彷彿回到少年時光的天高地遠，吃完了拍拍褲子，走出戶外，不但精神回來了，同時間彷彿見證了魔法，抬起手來撫著臉頰，發現牙齦都安穩回到原來的位置，平淡一如以往。

自此吃冰成了一道天隙洩漏的光，在捷運站巧遇多年未聯絡的朋友，兩人一陣寒暄，都沒事，決定一起吃晚飯，問他為何突然與大家斷聯，他只一句：「為家事煩惱。」我沒多問。飯後，他帶我去東區吃冰。

那是一家板凳散落小院的冰店，我點了鳳梨芋頭，他點了芋頭李仔鹹，冰在冰桶裡，店家挖得滿滿的鋪在圓紙杯中，兩人小湯匙挖著冰，細綿的冰一下就融在口中，我們認真的挖著，這麼熱的天，不專心吃，冰就化了，身旁是散座的男女們，兩人坐在板凳上挨緊了，膝碰著膝，旁邊是院裡的雞蛋花，還散落著林林總總的小盆花植栽。
夜裡，口中的冰，化成不用解釋的芬芳。

不是只有玉里麵

到每一個新的地點，如同與當地的小吃來一個邂逅，沒有朋友帶，也沒看指南，每日三餐，藉著食物與地方連結。

在玉里，我常去市場走動，看看歐巴桑賣自家種的辣椒、蕗蕎、長年菜、蘿蔔、絲瓜等等，肚子餓了，在附近找個小店進去，叫個平常的小吃，或是湯麵或是滷肉飯，亦或是幾顆水餃，嘴裡吃著，心裡想著：

「有沒有像我記憶中的那個……叫不出名字，卻其實嵌在腦子裡的那個什麼，一樣的滋味呢？」

有家位在鎮中心的小吃店，生意很好，多數人進去點一碗玉里麵，在地人會叫乾麵，觀光客就叫湯麵，有時候看桌上點了什麼，就能看出是在地人還是觀光客。可是他家最吸引我的不是麵，而是好吃的滷肉飯。

點滷肉飯，最好加點一顆荷包蛋，一碗上桌，荷包蛋黃黃的鋪在飯上，這碗飯好簡單，食材都是家常，看起來很不起眼，但是吃這碗飯要有技巧，用湯匙從荷包蛋上挖下，透過蛋，進入飯層，挖到底是浸在滷汁裡的飯，整口挖進嘴裡，可以吃到蛋的香，飯的彈牙，再加上下層浸潤的滷汁，充滿在嘴巴裡，哎！那才是一整個圓滿。

圓滿不是我們的終極目標，劇情跌宕起伏，才有戲。飯旁邊點綴了一些酸菜，咀嚼完飯後，來點酸菜，把剛才的油膩感稍微紓解壓抑，解膩後，再挖下一口，酸菜在口腔中微酸、微澀、微甜的感覺後，又一次感受飯香與滷汁交融的豐潤，再夾個花菜，刷淡口感，然後再往下挖一整口，真是高潮迭起，可以吃到最後一顆飯粒。

這碗飯我百吃不膩，研究到底，就是玉里的米太優秀了，每一顆晶瑩飽滿，新鮮有勁，當然滷汁鹹中帶甜，又有豬皮的膠質在內，吃到嘴唇有黏感，就是好滷汁，若是米不夠力，碗底多餘的醬汁會把米粒浸潤扁塌，但是碰到玉里米，那絕不可能出現這種不堪的景象，直到最後一粒，都還是神氣十足，彈牙入口。

滷肉飯，說到底，就是最單純的滷肉汁與飯，其中一個不行，只能像食神裡的評審阿姨大喊：OUT！

我在疫情三級的時候，開了五個小時的車，抵達玉里山腳下，當我下車，衝進住處廁所解放，到廚房囫圇吞下包子後，拉開門走向門前的晒穀場，看到眼前美麗的稻穗，彎著金黃色的身體，連綿不斷到海岸山脈時，我脫下了到戶外不得不戴的口罩，迎向如海的稻穗，那一刻，無人驚恐，沒有病毒肆虐，只有大地接受了我。

才懂得，稻穀是多麼撫慰人心，尤其在它結穗累累的時候，那股能量，豐盛強大。

何況是煮熟後能量併發，進入我們腹肚裡的時候？

每當天氣陰霾，海岸山脈一片煙霧時，每當冬日艷陽高照，晒得人暖烘烘時，或是我心情好心情不好，肚子餓或不大餓，騎著鐵馬，漫無目的地在鎮上晃，滑過農藥販售行、賣羊羹的店、劉一峰神父的天主堂、圖書館對面廣場、幾棵列入保護的樟樹或苦苓老樹、資生堂招牌掛在外面的內衣店、市場旁蹲了一排賣家裡種的菜的歐巴桑們，我就不自主的，彷彿內建衛星導航，滑到店前，停車，進去吃一碗滷肉飯。

是一碗飯的記憶，叫回青少年的時光，悠悠哉哉地騎著鐵馬，無所事事，東晃西遊，只是打發日子，看看哪裡有甚麼新奇事物，沒有，吃過飯，一個早上也就過了。

滷肉飯是舊日口感喚起內建的情感連結，而剝皮辣椒餃子，則是新口感，搭起新的感覺。

老闆娘是嫁到玉里的新住民，長得斯文高挑且非常有禮貌，面對等著外帶的客人，或是內用等餐的客人，再多再忙，也不曾看她大聲過，總是動作迅速地在鍋前下餃子，店裡的知名餃子是「剝皮辣椒餃子」。

花蓮的剝皮辣椒盛名多年，我記得剛回臺灣參加花東旅遊團，還有某公司業務主管特地下車，買了剝皮辣椒送全車遊客一人一瓶，剝皮辣椒料理也發展成辣椒煮雞湯，或是配飯搭麵都很下飯。

老闆娘把剝皮辣椒跟韭菜韭黃絞肉，做成餃子餡兒，這是我第一吃到的新口味。

要通過從小吃爸爸手撖皮的區區餃子評審，我，的點評，也沒在客氣的。她用的是市售餃子皮，皮薄無嚼勁，自然不能跟手撖皮的比較，重點是內餡，一口咬下去，慢慢咀嚼，先是吃到韭黃跟韭菜混合的香，包著肉餡的滑感，進而是剝皮辣椒，像轟隆隆進站的火車開過來，用它的辣，當作最後的尾錘，但是剝皮辣椒的最後一錘，不代表結束，反而是辣的滋味在口中燃燒起來，再加上本有浸泡過的鹹、甜滋味，包容在一起。

把傳統內餡，需要醬油或辣醬當佐料的餃子，一下子變成不需要佐醬，又有自己風味的強烈風格餃子，吃完一個，還想再來一個，有點吃上癮的滋味。

也可以把傳統餃子與剝皮辣椒餃子一起點來吃，單吃傳統餃子也不錯，因為食材新鮮，吃下去還能吃到內餡的清爽與原香，最好是吃完傳統餃子再吃剝皮辣椒餃子，後者的風味強烈，絕對會掩蓋著原來的風味，兩種都點，是最好的嘗試。

老闆娘自製的無添加辣椒醬，鮮紅香辣，如果吃傳統餃子，一定要加辣醬來當佐料，或許是老闆娘來自辣的國度，做起來一點不馬虎，又自成一格。

我曾買冷凍水餃回家，但是怎麼煮都煮不出現場的口感，因為皮太薄，若是沒有掌握火候，皮很容易軟塌，失去了餃子皮的彈性，所以，現場吃是最好的。

去的次數多了，老闆娘也會跟我們聊天，住在玉里的那裡啊？臺北來的？好多人來玉里住喔！種菜？我最不喜歡種菜了，你看，我連店前面都沒有種植物，她直心坦率地說著。

吃小吃，還可以認識人，多一個朋友，就像多認識一種植物，真好！

湯圓滾了

十多年前，冬日的上海市區，梧桐樹早已一葉不留，只剩枯枝佇立街頭，寒風中，我們的手都插在大衣口袋，頭上戴帽，腳踩靴子，瑟縮在低溫中，快步走進屋裡。她一張圓圓的臉上，眉型精緻，眼尾有著眼線筆滑過的線條，玫瑰色的唇下笑起來一排白牙，甚為討人歡喜，她正在教導家裡的阿姨，為我們這些臺灣同鄉，煮一碗客家鹹湯圓。

溫度只有五度的上海，我們進入她設計精美別緻的豪宅裡，禮貌地巡視過後，便坐在聚集人氣的餐廳，看她教導阿姨煮食。

這一切都不是事先安排好的，我們像一群萍蓬草，在異鄉的湖泊裡，因為彼此的背景語言相同，在蕩漾的水流中，看似無意卻又有緣地聚在一起，聊得興起，她便邀請在咖啡廳的我們去她家坐坐，還沒到開飯時間，卻又凍得很的時節，不如來碗家鄉味的鹹湯圓吧！

這樣的款待並不容易，有些食材不是當地能夠買到，還得到專賣臺灣貨的店裡買，有些必須回臺灣採買飄洋過海而來，我們興奮地等待著，心裡想望這碗家鄉味，這可是比吃大閘蟹還要隆重珍貴的宴席啊！

熱油鍋，我們聞到鍋裡，開始煸香的紅蔥頭香味，這縷香，裊裊傳進我們的鼻腔裡，瞬間喚醒家鄉的記憶，隨之而來的香菇及蝦米的香味，以及，最正統的、那麼普羅，價格便宜的油蔥酥混合在空氣裡的味道。

臺灣囝仔誰沒吃過一碗摻了油蔥酥的臺灣油麵？米粉湯？那是市場裡的小攤前，一把鐵凳，眼前一鍋熱爐，鍋桶裡白白濃濃的湯頭，五花肉大腸頭浸泡在熱湯裡，總要有油蔥酥像仙女棒點過的花火墜落在碗裡，那碗麵才能變裝成記憶中最璀燦的皇冠。

剛才在咖啡廳裡說得再多的話語，都抵不過一碗熱呼呼的客家鹹湯圓，我們聽到鍋中沸騰的啵啵聲，下入湯圓，鍋中水再滾一次，下茼蒿，留住由嫩綠轉為深綠的蒿色後，盛起，一人一碗。

友誼需要時間的堆疊，萍蓬們哪有那麼多的時間？但是，在異鄉的冬天，我們坐在她家美麗的餐廳裡，被招待這樣清深意重的鹹湯圓後，是真朋友。

先喝了一口湯，混合了蝦米的鮮味與香菇的嫩香，加上油蔥的微焦香湯頭，再咬進一顆湯圓，那圓圓胖胖的體態，多麼飽滿可愛，又燙又華美，一邊嘶著嘴一邊囫圇咬著，痛並快樂著。

善烹煮、美容顏、喜飲酒，我在上海時期與這三件事全不沾邊，看著與我不同類型的她，在餐桌上與幾位女友們喝開了以後，笑到眼淚流出來，且不能自已地歪倒在餐椅上，我有點無解。

「是醉了。」一旁邊不飲酒的友人，跟我像站衛兵一樣清醒地說。

難免吧！我怕冷，大陸的冬天，每天醒來於我都是一場奮戰，冬日的蕭索，足以讓人情緒障礙，能夠認識聊得來的朋友，在自己家裡開懷醉倒，也是放鬆。偶一得嚐的客家鹹湯圓，在此時此刻，豐富了作客異鄉的臺灣遊子的肚皮，慰藉了那些無法對人訴說的，外地打拚的辛苦與寂寞。

看著她的醉態，我想起有酒味的酒釀圓子。

小時候住眷村，總有人叫賣甜酒釀，鄰居的媽媽們，也會自製甜酒釀，我不喜歡那個味道，有酒味，有甜酸味，不知道一碗好好的甜湯裡，為何要加入甜酒釀。

還好媽媽是本省人，一句話「袂曉做」，免去我們吃這道酒釀湯圓，我們吃的永遠是臺式甜湯圓，媽媽彷彿怕不夠甜，放了好多二砂，湯甜到不行。冬至的時候，每人都要來一碗，長一歲的概念，那紅的白的圓子飄在鍋裡，若非遵從媽媽對習俗的看法，我真不知道這些沒滋味的小圓子有何好吃的。

住上海後，每次去館子吃完濃油赤醬的上海菜，總要叫一大碗酒釀圓子，上海季節分明，中秋後天氣明顯涼了，最後這一大碗公的酒釀圓子，輕淡的甜湯裡，飄著一些糯米的酒釀，及稀疏的蛋花，一人一碗盛上，把剛才的油膩鹹甜，遺忘在味覺的深處，圓子小不難消化，酒釀也是淡淡的，湯也不太甜，卻能入脾，輕飄飄的滋味，沒搶走之前的主菜風采，它只是告訴你，宴席即將結束，肚皮已飽，味覺已乏，就以一碗甜中帶酸的酒釀，填滿胃裡最後一個空缺。

「臺灣萍蓬草特有種」終要回歸故池，離開上海後，當年一起吃客家鹹湯圓，喝了酒醉到笑倒的她，另一半的心也如作客不在家庭，給我看手腕上的三條刀疤浮起如水印，終日以錶帶遮掩，心上的疤痕，只有讓時間抹去，如萍蓬的人兒，也隨著水流蕩開，沒再連絡。

回到臺灣，反而少吃湯圓了，只有一次在鼎泰豐，也是冬天，當年湯圓聚會的女友之一回臺，我們約在鼎泰豐，飯後突然想吃酒釀湯圓，這碗湯圓有著誠意滿滿的酒釀，上綴兩顆橙紅色的枸杞，定格在打了蛋的淡黃色的湯上，別緻的很。

一匙入口，甜的甘美，又帶著發酵後的酸味，蛋的腥味遂被遮蓋了，由糯米發酵製成的酒釀，帶著米香，滋潤了身體，藉著酒力，將能量推送全身，慢慢滲進四肢末端，溫暖冬天的手腳，蛋花滋陰定心氣，咬下湯圓，綿密的黑芝麻餡補腎，是冬天滋補女力聖品。

我們聊到她，最後的消息是，她已離婚，並且成了療癒師。

過了冬至，白日將一天天增長，來煮湯圓吧！人家說，白紅湯圓都要吃，白主貴、紅主富，那些被揉得勻美淨憨的圓仔們，一個個被我滑進沸水裡，等待，它們浮昇的那一刻，湯圓滾了，又多一歲了！

春雨潤無聲

春寒乍暖時節，前一天還飆高溫，第二天起床，地上已經一片濕，春雨綿綿，別人家的櫻花在寒冷中開放嬌豔的深粉紅色，經過路邊攤，看到一鍋粗棉布上鋪得又膨又高的炒米粉，上頭熱騰騰地冒著煙，口中生津，忍不住想起婆婆的炒米粉。

我的炒米粉滋味，始於我的阿嬤。阿嬤總在拜拜或節日時炒上一鍋米粉，媽媽帶著我們回娘家吃飯，但凡吃過的人都說好吃，當然，炒米粉是舊日每個臺灣廚娘必備的技倆，尚不足跟阿嬤拿手的白斬雞與炸花枝比擬，對著滿桌山珍海味的大菜，客人頂多稱讚一句，其他的形容詞也說不上嘴，這是炒米粉的尷尬，總是站在桌子的邊緣，或是放在廚房裡的爐子上，不想吃白飯的，就吃炒米粉。

炒米粉在家裡拜拜，親友聚會的時候不能缺席，必有一鍋炒好放在那，雖然它總非主角。

媽媽煮菜有個習慣，若是炒得開心，會邊炒菜邊唱黃梅調，瞬間變身李鳳姐：「我哥哥不在家，今天不賣酒。」然後揮著鍋鏟如指揮棒，將菜盛上盤，端去餐桌上，我猜她曾經發心，想成為一個廚藝精湛的主婦，也來挑戰必殺絕技炒米粉，但是炒得過程卻沒唱歌，只聽到她碎碎念：

「這豆油落去，攏摠袂散，有些地方黃，有些地方白，真歹看，阿勾誒黏作伙，實在真歹炒，攏炒袂好。」

正在廚房裡跟米粉大戰的實況主直播完畢，我們心裡也有數，起鍋後上桌，看那碗公裡醬色參差不齊，並沒有像春雨般膨鬆細緻調理分明，放到嘴裡，又吃到一丸結作夥的米粉，也只能跟春天說抱歉，媽媽也樂得不必再做這道：「判斷一個好媳婦的廚藝標準」的炒米粉，反正這輩子她也沒當過一天媳婦。

直到遇見婆婆，我才真正了解何謂廚藝大師，她個性溫和內向細心又喜歡煮食，會做包子肉粽與月餅，白斬雞除了切得整齊乾淨，擺盤務必完整，不像我媽媽對待白斬雞，剁不好就亂擺遮掩，最後就大小姐任性地說：「歹剁袂曉剁」，餐桌上再也不見。

婆婆知道我結婚前也只會洗碗煮開水，所以我的工作就是在她旁邊報告生活瑣事，包括她的神秘兒子都在做什麼？偶爾幫忙把煮好的菜端到餐桌上，挪個鍋子，從冰箱拿醬油膏或辣椒醬出來，倒在小碟子裡等等小工作，是個連助理也算不上的笨媳婦。

在旁報告之餘，也跟看多年，稍微看出她的炒米粉撇步。

先將米粉浸泡，開始切洋蔥、胡蘿蔔絲、肉絲一點、金鉤蝦、香菇、高麗菜葉幾片，鍋中下油稍多，開始煸炒金鉤蝦與香菇，然後下洋蔥，炒出香氣後，其他的菜料再下來一起翻炒。這些配菜與程序每家大同小異，豐儉由人，有人喜歡加蛋液翻炒，有人喜歡加芹菜韭菜豆芽等等。

婆婆的撇步是，將每次拜拜都做的白切雞，煮過後留下來的雞油與雞精備好，一旁還有一鍋滷五花肉，將稍許肉汁盛進小碗，這兩個肉汁的精華，是米粉炒得好吃的秘訣。

菜料炒好後，她把雞汁放入鍋裡菜料中，也把香菇水加入，待煮沸後，把米粉加入湯中，先用大火煮，待滾後，開中火，用筷子與鍋鏟不停地翻攪米粉，讓米粉不至於黏在一起，還有一個重點，等米粉吸飽雞湯汁，再下滷肉汁，取代單純的醬油，加點鹽、味精，不停的翻炒下，米粉盡收肉汁與菜料的精華，收汁後，關火，盛進碗公中。

第一次吃到婆婆的米粉，驚為天人美食，每一口都油潤滑口，每一口都香氣滿滿，不靠佐料的加持，靠的是食物的原汁原味，再加上耐心地攪拌，跟我媽媽先下米粉再下醬油與水不同，她把米粉下鍋的步驟對調，讓米粉浸淫在湯汁的精華中，若湯汁不夠再加，才不會壞了米粉本身的彈性，太乾太硬，米粉遂毫無口感，太軟糯，則成了米粉湯，則無個性。

炒米粉的細緻處，就在這裡。由於細心，她炒的米粉，絲絲分明，卻又和氣融融地聚在鍋裡，雞與肉汁的油跟米粉結合，呈現米粉的亮澤，進入口中，是肉汁與配菜交織的香氣，口感適中，充分展現掌廚者的功力。

廚藝甚佳的婆婆需要的不是厲害的媳婦，她有一個非常欣賞她廚藝的吃客，知道我愛吃炒米粉，每次我們回去，都會炒一鍋米粉，我一定毫不掩飾，在她面前吞下三碗米粉，滿嘴油滋滋地說：

「媽媽煮的米粉真的太好吃了，一碗接一碗都停不下來。」我手腳不俐落，但是味覺不傻，婆婆聽了，歡喜地像天底下愛孩子的媽媽，開心地笑出聲音。

吃不完的米粉，總是用塑膠袋裝好了讓我帶回家，她的神秘兒子不喜歡吃炒米粉，所以還是由我包辦，第二天中午，裝入盤中用電鍋蒸過，熱騰騰的冒著煙，夾進一口，米粉絲毫不見軟爛，仍有彈性，更重要的是，經過一夜的浸潤，食材更入味，餘韻綿長。

如今我也學會炒米粉，只是功力遠不及她，幾年前她過世，算算我與她結識二十六年，她總是包容我的憨慢與缺點。春雨霏霏，細細的雨絲如毛尖慢慢地滲透到土壤中，一點一滴的，就像她，總是輕聲細語地說著話，炒出來的米粉，也如春雨紛飛的潤澤與細緻。

輯四——生態之美

留花

靠山的園子，總是有鳥兒來訪，剛開始不懂，把剛長出來的青黃色枇杷包在網袋裡，結果，鳥兒尋到網縫，把果子啄壞了。

安雅穿著短袖短褲想進去園子，馬上被我勸退，看起來清爽的園子，其實蚊蟲好多，稍不注意，就被叮得滿手滿腳，我從梯子下來，脫下手套，換掉腳下的雨鞋，走進屋子裡，泡了咖啡，跟她一起吃昨天從鎮上買的麵包。

咖啡是王老師買進口豆子自己烘焙的，他家客廳是他的工作室，一臺烘豆機放在桌子上，沒沙發，沒電視，每次去找他直接走進餐廳，餐桌旁邊還有架拉筋伸展躺椅，一腿立在柱子上，再用皮帶束緊拉筋，像滿清十大酷刑。

他桌上有一臺計重機，像做數學題，多重的咖啡豆，加多少的水，時間又該多少，一絲不苟。沖好咖啡給每人一杯試喝，有什麼口感？帶給你什麼感受？直接喝，不囉嗦，不像教學，又有點教學的意味，安雅去年來玩，我帶她去喝過，什麼感受都說不出來：

「我只對精油有感覺。」她偷偷跟我說。

精油，充滿了純粹的花香與精華，大量的花兒經過蒸餾後，擷取的香味可以調整人的身體能量，好比：松木可以治癒肺部、玫瑰可以調節女性荷爾蒙、薰衣草可以安定情緒等等，藉著科學實驗，或是無數的人體感知統計得出的結果，我都相信，總是有一兩個人，身上的天線一直都是接通的，看到花朵，閉著眼睛，靈感就來了。

「啊！這個可以治憂鬱，因為它讓我覺得歡快。」先知說。

或是摸摸它，感受感受，就可以說出：

「茉莉，治療傷心的好花。」

安雅是芳療師，可能也有這方面的感知能力，對我來說，有點遙遠了，精油是萃取後的精華露，眼前我看到的，都是花兒的原始相貌。

「原來蘆薈的花長這樣子。」安雅拍著在風中搖動的長串橘色花兒，她往前用鼻子靠近蘆薈花，沒有香味，她說。

昨天她忽然從臺北坐火車過來，晚上煮了一個咖哩飯給她吃，或許是餓了，頻頻說好吃，她一雙大眼睛，在原本豐潤現在卻凹陷下去的臉頰上，顯得更大，但是身上仍然傳來好聞的味道，她說：

「是女人香。」

「一種精油的名字。」

說完害羞地笑了，每次看到她總覺得楚楚可憐，一邊說話，一邊害羞或好笑地笑著，笑完又要跟我解釋笑的理由，抱歉的，好像不該笑。

我總是任她一雙有勁的手在我背上按摩著，精油的芳香，隨著瓶蓋轉開，倒出來，雙手搓揉後，在我背上瀰漫開來，低血壓、低血氧的我，常常在按摩床上昏睡過去，卻總是被她講話講到一半、害羞的笑聲給驚醒：

「啊！你想睡覺，不好意思我講太多了。」

既然醒了，乾脆跟她聊天：

「你說你男朋友怎麼了？」

吃完咖哩，她的精神好多了，低頭看著花花塑膠桌巾，那一朵朵盛放的玫瑰呆呆地回看她，她說：

「還是那樣，回到朋友的階段。」語焉不詳的，也不想仔細的說，心裡卻巴望有人能聽她說。

現在她穿上我的長袖上衣，嬌小的她身體空蕩蕩的，我帶她進園子裡，我的園子不大，但是這個季節，還是有些新發現，譬如，她沒看過的藤蔓，如今盛開白色的小花，這麼多小白花聚成一片花海，從樹冠上蔓延而下，簡直像瀑布。

「好漂亮喔！」她不停地拍著，沒看過如此誇張的花瀑吧！

「好像新娘捧花！」她走近，著迷地看著由綠藤枝葉打底的白瀑之花，繼而摘下一叢，嗅吸味道。

沒有味道，咦！奇怪，人家都說白花香，因為白色招不到昆蟲的注意，只好用香味吸引，或許，是夜晚才會散發香味嗎？

我聽她自言自語，蹲下身子，拿起芭樂的網套，開始將去果後留存的芭樂套袋，這顆芭樂是老叢了，結出來的果子又香又甜，一點肥料都不用加，到訪的朋友吃的讚不絕口，若不是臺北沒地方種，朋友還想分枝種種看，簡直是老天爺的恩賜，兩季結果，每次結果都吃不完，還可以分送鄰居。

「啊！居然是小花蔓澤蘭，是一種外來種，會造成樹木被絞死，是綠癌誒。」

安雅google美麗的花瀑，居然搖身一變為植物殺手，而那棵被盤據的，是晚上才會發出香味的夜來香，現在已經快要陣亡了。

留蔓澤蘭或是夜來香？我讓安雅選擇。

夜來香，為什麼？答案留給她，我給她一把剪刀，請她開始清除蔓澤蘭，啊！她嘆氣了，我說沒時間嘆氣，快把那捧花清除吧！

那個下午，我看她先用花剪慢慢地剪開夜來香頭上的一大蓬藤蔓，一刀一刀像繡花似的，好秀氣，這樣不知道要做到天荒地老何時了，我說：

「人家說順藤摸瓜，要查元兇，應該朔本追源，看看藤蔓的根在哪，從根部挖起來才對，挖起來後，上面的藤蔓就枯了，到時候，一拔即下。」

安雅張大黑白分明的眼睛，對吼！

花費了那麼多的時間在枝微末節，還不如蹲在地上，仔細找找根源在哪，她把原來的剪刀放下了，跑去工具桶裡挑選想要的工具，拿了一把鋤頭過來，蹲在樹下，開始挖掘。

細細的手腕，抓著鋤頭的柄，剛開始鋤的一兩下，她的手還微微抖著，從沒做過粗活，一下子沒能習慣這些陌生的工具，看她挖掘泥土下藤蔓的根，把鋤頭硬生生的插入土中，第一下還沒對準，直到幾下過去，才熟練了，一點一點地把土壤挖起，慢慢刨出根部。

「嗯！看到你了。」她一副除惡務盡的決心，讓我在旁邊看的有趣。

然後她慢慢的站了起來，一手拎著鋤頭，一手拿著被她掘出來的根部，那根也不大粗，拖著根鬚，她筋疲力盡卻掩不住一臉得意的神色，耀武揚威地拿給我看，然後把這根部丟到晒穀場上，讓太陽把它晒乾，就不會春風吹又生了。

她的選擇是對的，夜色降臨，我們在看電視的時候，那一陣陣從坡上隨著風吹進來，香氣炫人，極其洋溢，撲頭蓋面而來的，是早就準備瘋長的夜來香花，白天無精打采，夜晚，毫不保留恣意地發散。

她被花香吸引，走出門外，想在黑暗中一親芳澤，但是夜來香的個性可不是接近就能聞到，必須在不經意間，它猛地襲來，讓你從現實世界，剎那間，飄忽到魂魄的升起嗅覺感官世界，喔！原來，你本來就在。

捻花是禪

他喜歡戴鴨舌帽，日本紳士戴的那種，有時是格子的，有時是素色的，穿襯衫，長袖短袖都有，隨身帶一件背心，冷的時候穿上。

學生們坐在他家的院子裡，幾張小學椅子擺放著，看他在黑板上寫的字，插花無非就是取得平衡、大小、左右、上下、陰陽，跟過生活一樣。

我到的時候，他們都坐定了，看到我走進來，每個人都張著困惑的眼睛，我拿著他的書，自我介紹：

「我是阿康的朋友，想來學插花。」

在這個僻靜的地方，離安通溫泉還有一段，必須急轉彎而上的庭院裡，我是個奇怪的不速之客，被好心的接待了。

坐吧！他說，我坐在木條椅子上，一邊回答老同學們許多好奇的問題，一邊看著他。

他臉上那雙大眼睛，顯得有些戒心，雖然看起來沒有表情，但那眼神有心地輕輕掃過我，誰：

「阿康喔！」他確認了。

一手拿著花剪，另一手是翠到滴水的薄荷，他靜靜地，兩眼又專注地回到他的世界裡，那裡只有米色的花瓶，與一整枝外放生長的薄荷，我們都靜下來沒說話，看他剪下一枝彎曲而長的枝條，放在花瓶裡，就定了主軸，他打量一下，再剪下另一稍短薄荷，作為副枝，花器遂飽滿了起來，再剪下短枝，輕巧地放在一側，慢慢地添加，直到他覺得平衡的時候。

有點像髮型師，會先用手摸摸我的頭型，抓抓頭髮的質地，看著鏡中的我，彷彿看到了什麼，那個我希望而他必須達成的，未來的樣子的我。

但他不一樣，只有一個花器，要在空氣上營造一個花的世界，一切是空的，從空中創造真實的樣貌，但又不能失去花的本質，是吧？

那盆花真如他在黑板上畫的樣子，一邊像舞者拋出彩帶般的往右方延展，另一邊是漸次延展的線條，從上往下拍，呈現的是一個圓，環繞整個花器以上的空間。

薄荷像跳了一齣霓裳舞衣曲，停格在裙擺飛盪出去的一幕，危顫顫地在空中抖動，舞者身上的清涼沁心香味，緩緩地飄在我們周邊。

他渾然不覺我們說些什麼，只是靜靜的坐在那裡，維持一個距離，說什麼，他指指耳朵，眾人替他答：

「他聽不到，重聽啦！」

「之前有一個少年仔，騎車經過我這裡，看到院子很水，上來坐了一下，我看到他坐在樹下，問他做什麼，他說他在排毒。」他自顧自地說。

他隨之笑了：「想說那少年會說排毒，真不容易，伊說要跟我做朋友，我就說好啊！後來介紹阿康給我認識，阿康一看我就說要跟我做朋友，我嘛說好！」

說起話來輕輕短短，說完了也沒太多餘音，是一種天真。

我看著剩下的的薄荷葉，摘了一片，揉了揉，放在鼻前嗅著，清涼的香氣傳入鼻裡，再摘一片，放到嘴裡含著，好通透。

接著他拿了一個馬克杯，把竹籜遞給我，讓我做插花的基座。

從竹節生長出來旁邊的竹皮，叫做竹籜，摘下來，成了一個扇形材料，他把它捲起來，在杯子外面比著長度，表示要低於杯緣，我拿著剪刀，剪下超過杯子的高度，剪了四個在裝水的杯子裡，多麼自然，一切都取材於身旁的植物。

「會浮起來呢！」我說。

「那表示剪得太短。」他說。

他彎身撿起地上的小石子，把竹籜壓住了，剪下園子裡的薄荷，看我如何擺布。

我不打自招的說，從來沒學過插花，也不會插花，他一聲不響地把我的薄荷取走，端詳一下，三兩下剪枝，一個小的作品，姿態輕巧地完成了。

天氣非常地好，陽光在長得茂盛的波羅蜜樹葉上跳舞，波羅蜜已經結了幾顆小果，園子裡疏落地種了許多植物，池子裡還有幾朵蓮花，遠處圍欄外是夜來香、茉莉、含笑等喬木，這兒單純美麗地像與世隔絕的花園，同學們大聲地聊天，話題毫無拘束。

他靜靜地幫大家適時地倒茶、煮水、再泡茶，勸大家用點心，另外兩位臺東來的同學，連花器都沒帶，感覺是來看老朋友的。

「老師叫我們不必去買花材，路邊有花，有葉，帶來用就好。」同學說。

另外一位同學帶了三個花器，老師逐一幫他調整，將本來毫無次序的花草，呈現高低位階與落花點，漸漸地呈現一種獨有的姿態，每盆花表現出自己的生命，再怎麼桀驁不馴的花材，只消在園子裡找些小花小草搭襯，便產生了另一種協調的美

「老師覺得我今天插的如何？」同學問。

「你想一次把花藝學好。」他說。

總是一句話，輕淺的點出插花人當下的心情狀態，那淡淡的話語，就像院子裡種的蕨類，大大的葉子隨著風點著頭，然後就靜下來了。

「一個人的作品反映出他當下的心。」

一位同學帶了又大又多的變葉木，顏色大黃，中間有點狀的綠，尾端如花瓣，的確可以成為花的主軸了，卻插了兩隻紫色的紫羅蘭，他說：

「喧賓奪主。」

他把它放在瓶中，花器又太高了，於是那變葉木成了主角，紫羅蘭不禁時間消逝，已經萎了，他說：

「了解花性很重要。」

於是他不用紫羅蘭了，剪下園子種的茉莉枝葉，放在變葉木後方的高位，凸顯出變葉木的特色，又剪了園子裡正開的紫色立鶴花，兩隻花兒稍微往前，既不被變葉木壓迫，又跳脫既黃又綠的色彩，花型也變得立體了。

必須多問一些。如果沒問題，大夥開始聊天，他偶爾走動，彷彿無形，眾人像林中鳥兒喧囂啁啾，他只是坐著，偶爾看你一下，彷彿在聽嗎？

坐在劇院裡，四周一片黑暗、靜默，舞臺上有一片透明的紗從上方直洩在地，透過藍色的燈光，成了海洋，黃色燈光下是一塊圓形的蒲團，蒲團上擺放一大束成熟的稻穗，下午時分，燈光明滅幾次，表演即將開始。

我將手機調成靜音，網路關掉，週末的午後，沒人會來電，也不會有任何電話或訊息影響我看表演，我坐在前排中間位置，在靜默中，可以聽到舞者窸窣的腳步聲，舞者已經就定位，此時……

座位開始搖晃，大家都鎮定地坐在椅子上，再等一會兒，地震就會停了不是嗎？大家想。但幾秒鐘過去，劇場上巨大的穹頂也在搖晃，吊在屋頂離我們四層樓高的音響與燈光，發出巨大恐怖的撞擊聲，地震沒有停止，反而越來越厲害，我控制自己不伸手拿座位下的包包，在黑暗中，燈光亮起，我看著出口警示燈，不知道為什麼沒有人將門口打開，巨大的地震把大家的恐懼包裹在幽閉的劇場中，再多一下下，我就要拿起包包衝出去了。
就在理智快要斷線的那一刻，地震停了。
工作人員透過麥克風，告訴大家，表演因為地震暫停，只能重新來過，於是，燈光明滅幾次，待舞者就定位後，表演重新開始。
我觀賞舞團在高雄衛武營的表演，一個月前搶不到臺北的好位置，就搶高雄的票，我們計畫在玉里住的時候，搭火車到高雄，吃個午飯，慢慢晃到衛武營，剛好愜意觀賞。
一切都如預期的順利，只是碰到這個地震。
地震停止後，我無法靜下心好好地觀賞，敏感度大大提高，就算舞者們跳得再好，我總覺得剛才巨大的地震，讓身心驚恐不安，尤其在這個封閉的空間裡，與外界沒有任何交流，舞臺上的一切，表現得像是一場祭典，於我，有時投入，有時又抽離，更奇怪的是，當我投入時，放在包包裡的手機總是又亮又震動的，看別的表演或許沒事，「觀」是很安靜的舞劇，我總是得趕緊掏出手機按掉電話，到最後，連隔壁的女生都「嘖」出聲音了，只好趕緊關機。

兩小時後，表演結束，大家慢慢地步出劇場，我看見外面下午的陽光，那麼亮，天氣還是熱，我把手機開機，突然之間，我看到未讀訊息像煙火般爆開，每個訊息都閃著綠色的火花，占滿了長方形的手機版面，未接來電一通又一通，那些訊息是什麼？

「地震你們還好嗎？」

所有的訊息都指向這個問題，我們，還好啊！只是一場好好的表演，在心裡毛毛的看完，然後一向只傳訊息，不會來電通話的人打給我：

「你們沒事吧？」他問。「沒事啊！」我回。

「玉里大地震，屋子都垮了，很嚴重。」他說。

「喔！是嗎？我今天早上坐火車到高雄，明天才會回玉里。」我說。

稍晚一點看新聞，才知道，六點八級的大地震，震央在池上，災情卻在玉里，高寮大橋、玉里大橋、崙天大橋三橋都斷，一棟三層建築物倒塌，東里車站鐵軌變形造成火車翻覆，鐵路也斷，我們回不去玉里，只好訂高鐵票，等第二天回臺北再做打算。

大地震的同時，我關掉網路，開靜音看表演，大家以為我們沒回應是出事了，電話不接更令人心焦，我最後關機，親友以為我們身陷災難中，才會一直狂扣。

此後，是一一回覆訊息，我們很好，沒事，請勿掛念。

這樣焦急而大量的訊息已經不是第一次了，二〇〇四年聖誕節，我們參加集團辦的家庭年會，大約兩百多人在峇厘島渡假，那天早上本來要參加一項水上活動，卻因為大雨取消，我們整理行李，準備搭下午的班機回廣州。

飛機降落白雲機場，大家習慣地將手機拿出來開機，全體人員不約而同地接到電話，「公務如此繁忙嗎？」我想，那時候臺灣人在大陸的發展果然是沒日沒夜的拚搏啊！卻是連拚搏都不需要的我，也在回到宿舍後接到爸爸打來的電話。

「你們還好吧？」焦慮的聲音，殷切的詢問，一如這次走出衛武營表演廳收到的各方關切。

原來當天離開巴厘島時，南海發生大海嘯，海嘯並沒有往我們這邊來，而是往普吉島那邊掃過，後來聽說有個明星一家剛好在普吉島身歷其境，並逃過死劫。

回頭望望，自己也是陰錯陽差的逃過幾次天災。

回臺北沒多久，我們仍要回去看看房子有沒有問題，而且車子還在玉里，於是訂了車票到花蓮，在車站搭類火車到玉里，再叫計程車回家。

站在晒穀場，四周景物一切如常，樹木仍然屹立，桂花開的黃嫩，雜草也沒少長高，老爺車靜靜地安置在車位裡，看不出移位。但是，屋外的冰櫃已經乾坤大挪移的走位，熱水爐倒塌，只剩插頭還連著電線，腳踏車倒地。

我們一樣樣的歸位，看來都還可以運轉，比較擔心的是開門後的景象，我們拉開門，看到餐廳的水壺掉到地上蓋子破了，阿公生前留下的酒摔在地上，東倒西歪，最怕的是那臺剛買的，擺在櫃子上的電視不要摔下來啊！還好，僅僅稍微移位，電扇捕蚊燈都倒地，當年得到金牌的祝賀匾額，只有較小塊的掉下來，砸壞一角，還好最大的幾個「為國爭光」都好端端的立著，木作品倒下，阿嬤的房間桌腳斷了，除此之外，沒有太大損壞。

「老家有沒有怎麼樣？」阿嬤憂心地問。

「倒掉的東西扶起來就好了。」我說。

真是如此，好在金牌屋蓋得太結實太穩了，絲毫沒有傾倒頹敗。

鄰居大嫂跟我描述：「那天下午我在午睡，突然搖的好厲害，我爬起來衝出去晒穀場，被搖到跌倒，你看，我的膝蓋還受傷餒。」

「這個地震太大了，民國四十年的時候有過一次大地震，那次玉里國中被震垮，就是現在璞石閣藝術館的地方，隔了七十年又來一次。」

到鎮上巡邏才發現，鎮中心的圓環水池旁邊裂開好大的縫，令人怵目驚心，水池的水路走位，蓄水下降，看到倒塌的三層樓便利商店，是我到圖書館的必經之路，因為那個紅燈特別久，為了躲避驕陽，我常一腳踩著踏板，一腳著地，躲在便利超商牆壁陰影下，不耐煩地瞪著民族路上等很久的紅燈。

素食餐廳的印尼老闆娘，無論多忙都是溫柔輕聲細語的態度，做事勤勞，重點是素水餃特別好吃，她說，那天她去慈濟醫院看住院的公公，正要下樓走出醫院，突然地面像船一樣搖起來，醫院裡的推車從左到右的滑動，她嚇壞了，沒有大地震經驗的她，站在原地也不知道該怎麼辦？

救難隊進玉里鎮，到了吃飯時間，卻沒有東西可吃，鎮上賣玉里麵的老闆娘，就算自己也受到驚嚇，仍然起鍋熱灶，煮起一碗碗玉里麵給大家吃，這頓算她的，畢竟，吃飯才有力氣做事，而救難隊來到這兒卻沒有東西吃，也太過意不去，這事上了新聞，我看了只覺得，玉里人是不是每件事都得靠自己？

回到鎮上，我特意去吃一碗我常點的玉里乾麵，付錢的時候，我跟老闆娘說：

「你看起來比電視上還年輕誒！」

她一雙眼睛亮了起來，看著我一直笑說：「還好啦！謝謝你。」

該謝的是我們，沒有一碗暖熱的麵，生命之火如何延續？

地震過去，餘悸猶存，住在鎮上的朋友佩佩，述說當天的情景，大大的眼睛裡閃過的不安，當天她不在鎮上，要騎摩托車回家才發現，三條橋都斷了，根本回不去，最後繞到單向通車的橋才到家，她原是埔里人，九二一大地震是她的切身回憶，地震後看到水池旁裂開的路，還是覺得好害怕，是壓力創傷症候群吧！鄉親朋友們說完了，卻也是安靜的過著日子，樸實認份的一天過一天，繼續地把眼前的事情做好，這個人口日漸減少，到花蓮市區的距離比到臺東還遠，卻有著大自然美景的小鎮，玉里啊！除了你自己，還有誰在意？

我騎車回到田間，九月，田裡一片青綠，看著溝圳旁的玉米開出長長的穗子花，一片片濃綠的玉米葉，充滿能量的活著，腳底下的溝渠，不停地發出轟隆隆的水流聲，天上的雲還是像棉花糖般鬆軟，天地無情，縱使城傾橋斷，至少它們都還在。

寂靜溪蝶

南勢溪劈開了內洞山谷，沿著山谷的小徑前行，時而出現眼簾的碧綠溪水，在春雨霏霏的四月，像一盤明鏡，映照著岩壁的樹梢更顯清翠，小徑旁的的楠木、黃錦樹一路掩護雨勢，挺拔強健的青楓、澀葉榕、大葉楠與笳苳，佈滿山谷。

著生在樹幹的山蘇在微風中顫動著纖細翠綠的手臂，葉片覆瓦般排列而生，片片圍繞的結果就像一座鳥巢，一支橫出的樹幹上搭載了五六棵山蘇，在樹下仰望生機蓬勃恣意而生的林相，那綠，毫無邊際。

我和老醫家與病患一行數人，走進山谷高處的瀑布，期望在充滿生命力的山谷中接受瀑布的洗禮，得到更多能量，我們像所有生物一般，為了生存與病魔對抗。

飛練白瀑掛在峭壁上，我靠近瀑布，閉眼調息放鬆，水花在我爬行山徑時打開的毛孔中灑落生機，眼簾微綻，泉邊的姑婆芋婷婷站立似傘，我觀察它亦如它觀察我雙腳微開的馬步姿態，只是它不若我低眉垂眼，如臉盤般的嬌綠葉片，在風中左右微調好奇地端詳我。

我拂拭滿臉的晶盈水珠。

回身，望見老醫家雙膝微曲，兩手提揚，太極始焉。

水珠飛灑而來，灑在老醫家鬆靜虛柔的太極身影上，老醫家前仆後傾，以背脊為軸，手勢悠緩的隨身而轉，在煙霧朦朧的飛瀑映襯下，像一朵雲。

每週，不論晴雨我們走進山谷，得以細細觀察各類物種。

春天時節，溪谷中的路徑尚有飄落的綠葉與腐敗的枯葉混雜，濕潤的春雨把整個山谷渲染成一幅潑墨山水，行進其中，見到前方滿地被雨打落的桐花，花型完整如白色地毯般舖在黑色的道路上，那數量之大與自然鋪陳的豐厚美感，呈現了生命墜落的表達方式，宣告著墜落並不意味死亡，反倒是另一類鮮活的表現力。

草叢中一隻鳳蝶搧著兩片彩翼遊蕩著，橘與黃交迭的斑點在深色的翅膀上排列成弧形圖案，一會兒停下來吸食地上的腐果，收束的翅膀上，原來橘和黃的斑點卻像照片的負片，變成白和淺棕兩色，它伸出吸管吸收養分，安靜而自在。

我和一癌末病友同行，她喉中的痰令她哮喘無法前行，蹲在路旁聲嘶力竭不停的咳嗽聲使我不知所措，前方是逕行前去的同伴，我站在她身後，突然見她伸出一隻手，像即將溺斃的人往後一陣亂抓，我伸出手握住她，她巍巍顫顫地起身，說；

「我以為人都走了。」

她咳得冷汗直流，虛弱的身體無力走完山路，走走停停，我握著她那隻肌膚甲錯瘦如枯柴的手，輕飄飄毫無重量，彷彿牽隻幽魂，我甚至不敢出力緊握，擔心她承受不起這樣的力量。

她說，她要跟緊老醫家，如約履行每週進谷，谷中豐沛的陰離子與寧靜，可以讓她延續生命。

說著說著她又喘了起來，她不到五十歲卻已經面對死亡逼近，我與她其實不熟，但是當命運的珠鍊串起，使我執起她的手時，我隱然看見死神在她身旁深深的凝視．

「別說話吧。」我說，別讓多餘的話語阻撓身體能量的運行，別讓多餘的話語戳破了山谷的寧靜。

眼前穿著一襲禮服滑著狐步而來，黑翼帶著橘輪圖案的雙環鳳蝶，迴旋的飛翔航道經過我們面前，天鵝絨般的黑色，華貴地襯托著鮮亮如火的橘紅色，在碧綠如洗的楠樹與苦楝樹中穿梭，一如因微風輕拂的蕨類羽葉般輕盈。

這隻如落日晚霞艷麗的鳳蝶棲息在葉片上，魔術般變換的身影又飛往下另一棵樹，終於時現時隱地飄忽在我們的視線之外。

傳說中，蝴蝶是死者的幽魂，回來尋找過往留下的路徑與回憶。它們靠著嗅覺與對地形的辨識能力，憑藉大地上盤旋上升的熱氣流，以捏在我們手裡如棉紙般脆弱的翅膀，行過千萬里路，回到她的出生地過冬產卵孵化。

時不時傳進我們耳裡的清脆鳥鳴聲，讓飄浮在想像中的幽魂傳說更顯對比，我們夾在生與死的隙縫中觀看的景象，彷彿在同一時空中，充斥著不同次元的畫面，我們亦是溪谷物種們眼中，那腳跨陰陽兩界在溪谷中躑躅而行的人類。

生與死的對話，生者一出生即搭上死亡的列車，一站站地駛向死亡的溪谷，我看著身旁稍得安寧的她，咖啡色的眸子裡映出滿天滿地的林葉，一隻臺灣藍鵲倏忽飛過，那抹絢爛的藍宣告它無以倫比的美，在四月天的林中，尤為驚艷。

原來只有三十分鐘的路程，我們花了一個小時才到，虛弱增強她的暈眩感，她坐在飛瀑旁的亭子裡，形銷鎖立的身軀委然依在欄杆上，雨後的瀑布水量豐沛，激起的水珠更多，老醫家遠遠佇立，凹陷的爍目往她身上一瞥，眼睛裡滿滿的觀察審視，卻一語不發。

老醫家曾與我言，她時日無多，但她卻仍不放棄工作並徹底遵行運動與飲食規範，這樣下去，誰也救不了她。

面對死亡，我們還有何執著可言？抱著執著如抓住生命溪流旁的一根小草，能頂多久呢？但是面對生命無多的病人，我們又何必硬要她遵行這一切規定，如能安靜地離開人世，不也是一種圓滿嗎？我心中質疑著。

「那就看她自己選擇生還是死。」老醫家輕聲說道。

兩個禮拜前見到的粉橘色盛開的曼陀羅，五朵往下垂生狀如鐘鈴般的嬌妍花兒，在天光的照耀下，幾近透明的花瓣中可見絲絲脈落，在綠色氾濫的溪谷中，它是唯一的紅。

兩個禮拜後的今天我行經曼陀羅花，枯萎消弭地縮成一束，不復當日風采。我看著她，彷彿即將掉離枝幹的花朵，欲搖欲墜，開到荼蘼春事了。

這之後，她再也沒來。我們失去了她的訊息。

溪谷的春天還沒結束，花朵陸續綻放，從小熟悉的白色細長四瓣梔子花在視線下方，淡粉色的月桃一串串像小指頭般地掛在路旁，另有細碎如串的金黃色棕欖花，侵略性地野香提醒我尋找它的所在，路邊粉紅色的水鴨腳秋海棠，成群地仰首看我。

我且行且尋花朵在春天排列開展的時序，猶如色譜中顏色的漸行推衍，不同的鳥聲提醒我的目光，搜尋在樟樹與黃楠間跳躍的綠鏽眼或五色鳥與臺灣藍鵲。

春天使一切輕盈靈動，春天讓生物跳躍飛翔。

這週當我看見青帶鳳蝶的時候，有種感覺升起，我覺得她已經不在這個世界上了。

碩大的青帶鳳蝶，仍然深沉並發出光澤的黑色羽翼，上有狀如鵝卵石的藍色斑點，慢慢增大排列至腹部形成帶狀，兩條彩帶般的青帶對稱交合於腹部兩旁，後翅則是一個個形如彎月的藍點散佈，飛翔時，其狀必如一支支迴力標板迴旋，這是麟片在蝴蝶的翅膀上所展現的藝術呈現，藉著麟片的數目與排列，形成一幅美麗的鑲嵌畫，讓我們看見那藍在黑絲絨的布幕上，藍得比天空藍稍濃，雨過天青雲破處的藍又不及它的立體．卻又比土耳其藍來得淡雅。

這對藝術品般的翅膀大大地攤在水泥地上，不再如琴弓滑過小提琴細弦般的顫音飛翔，觸鬚不再敏感，纖細地腳再不必為生存抓住花朵出力，沒有意識地張開完整的雙翅展露死亡。

人們站在它前面討論著，卻沒有人敢動它，面對死亡，讓我們如此生起敬畏之心．失去意識，物種得以休息．休息之後，靈魂再得重生。

上層飛瀑水珠飛濺不停，老醫家雙膝微曲，兩手揚提，太極始焉。京劇裡的花旦將水袖往空中拋出，在空中畫出一彎虹，水袖墜地，抽起後收攏在一朵花上，那是一隻黃色粉蝶。

我突然覺得，今年的春天，從來沒有如此寂靜過。

生命之樹

「臺灣扁柏是 Hinoki 跟紅檜 Meniki 兩者是不一樣的。」老友摸著木頭在吵雜的原木材場大聲地告訴我。

原木材場裡堆積如山的原木，一株株倒在地上，身上還披掛枝條，根部帶著絲絲根脈，他說這些都是八八風災隨著土石流滾落，順著溪流漂流在花蓮外海被撈上岸的樹木，原本生長在山林中，仰頭見不到樹冠的大樹，如今倒在地上，那巨大的樹身令我驚訝，來來往往堆移樹木的車子發出巨大的聲響，使得我們不得不提高聲量說話。

我仔細觀察臺灣扁柏與紅檜這兩棵大樹，失去生命的他們，彷彿失去了讓我們辨識身分的明顯特色，葉已落，枝已萎，一身綠意不再，何以辨識？

他讓我靠近樹木的身軀，用力地聞一下。

一股清洌的香味竄入鼻腔，經過前腦進入腦葉的嗅覺區塊，我感覺那味道在我的腦袋中轉了一圈儲藏在腦葉中，成了一縷難以剝落的記憶，香味對人，甚至對動物的影響甚鉅，曾經在頭痛欲裂的時候聞檸檬的味道，頭痛在一秒鐘內蕩然無存，像沒發生過一樣，也曾在毒辣熱太陽下等公車等到心火上揚，不意間聞到站牌旁一棵梔子花香，居然就被那甜香給催眠般的心火全消。

當視覺無能辨認事物，嗅覺便起而代之辨認的工作，有時，留在記憶中的不是面對瞬息萬變五色令人狂的雙眼感受，反而是記憶之香。而這清冽的香：

「這就是扁柏的香味！」看我被味道感動到臉部線條柔和，整個人放鬆的模樣，他情不自禁地笑了起來。

他熟門熟路的將一塊臺灣扁柏樹段搬上小貨車，那段扁柏有著自然彎曲的樹幹，一支支渾然天成好似優雅的臂膀向天空伸展，我曾見過它生前在森林中的姿態，海拔兩千公尺的山區，這塊冰河時期就已經存在的林地，長滿了扁柏的家族，它們在長年迷霧的山林中自在的成長，每棵樹都有挺直的軀幹與為了爭取陽光而振臂向上的姿態，隨著以每年四公分的成長速度，直到千年後的今天，才有沖天入雲的樹冠。

如今它們從漂流的花蓮溪口，被打撈上岸，一棵棵樹木代表了一個個千百年的故事，曾經有過的輝煌壯麗，如今在木材廠，等著另一次的生命轉變。

我隨他上車，離開原木場，你說：

「家具的製作是讓死亡的原木再一次的重生，讓木材以新的面目重新輪迴。」

的確，細雨紛紛的梅雨季中，我撫摸著家中那塊臺灣扁柏的樹段，細緻的紋路似流水般穿過我的指間，在溝縫中還有一點一點深色的樹脂節瘤，樹椿吸收了雨季中的飽滿濕氣，發散出比晴天時更濃的清洌香味，它曾經因為離開土壤死去，但現在，它仍然與環境同時呼吸，這股幽香隨著記憶帶著我回到神木群的山林中。

五月份，清晨六點搭上原住民朋友鹿樣從新光部落開來的卡車，在顛簸的山路上盤旋彎轉進入登山口，這裡是通往神木群的密道入口，炙熱的陽光在踏進登山口的一霎那間，被森林裡陰涼清謐的濕度吸收而消逝無蹤。

我們在新竹尖石鎮西堡部落的神木步道入口，海拔一千八到兩千五百公尺的森林，因為林內的離子濃度大過雨水，從而形成溼度極高的環境，我們腳下踩著經過昨夜下了一場大雨，被雨水浸成黑褐色的落葉所鋪陳如地毯的步道，無聲的足音緩緩進入森林的身體，迷霧般的森林展現神祕的氣氛，不由得讓人低聲噤語，彷彿如電影魔戒中，死神披著黑斗篷齊在黑駿馬上，在昏暗的林子中找尋魔戒擁有者的蹤影。

步道旁長著陰濕類植物，開著粉紅色的水鴨腳秋海棠，青綠的菁芳草，苔蘚類的植物覆蓋在周遭可見的樹木上，樹木高大而寬廣的樹冠遮住了大部分的陽光，助長了苔蘚的生長，此時，耳邊傳來一聲慘叫，友伴被咬人貓的葉片咬到，蹲下來查看，腳踝處已是一片紅腫，你取笑他，老手了還遭咬，他自嘲：不夠敬畏，則遭咬噬。

從鎮西堡到鴛鴦湖的範圍，到底有多少顆臺灣扁柏、紅檜，尚未經過正式的統計，但是在經過日治時代以及國民政府時代被大量採伐後，臺灣扁柏紅檜早已成為臺灣土地上稀疏的記憶，這曾被荷蘭人讚美為福爾摩沙的蒼鬱之島，美麗的譬喻大部分來自這些從冰河時期時代開始誕生成長的長齡樹種，北扁柏、南紅檜，茂密地分布在臺灣一千五百公尺至兩千五百公尺海拔的區塊，森林，如一個紙牌搭成的房子，任何一個代表紙牌的蕨類、苔蘚類、昆蟲、鳥類甚或土壤天氣有了缺片，那麼森林的紙屋便會傾向毀滅。

行進的路上偶有陽光自樹間灑下，路旁一段木頭上長滿翠綠色的青苔，在亮麗的陽光下，倒映在水邊，顯得更加晶瑩剔透，林地上長滿溼地的植物，而山蘇們更是不客氣的掛在樹梢，與樹進行共生計畫，一旁的藤蔓纏緊一株還顯稚嫩的樹苗，像接力賽般向空中拋出，伺機攀上更高的樹幹爭取更多的生長空間，行過一顆高山杜鵑，在蔥鬱的林中，她是一株頭戴花冠的仙子，無數嫩薄的粉紅色花朵在山中自行開放，隨後掉落。

我們時而同行，時而觀察想要觀察的對象個自而行，森林中，雨水透過樹冠即已損失五〇％的水分，沿著枝幹而下，經過樹木表皮的吸收，剩下的雨水再讓寄生在樹上的蕨類植物吸收，我們該為山蘇們能排除自然環境中的生存擠壓，爭取這些得來不易的養分，進而成功生長鼓掌，敬佩性格強韌的藤蔓像拋物線般往上攀爬爭取陽光，更別說樹底下一群叢生的真菌，爭不到陽光只有利用陰暗處的溼度與樹的養分來滋養生機，森林，是一個無聲卻喧嘩，彼此依附卻又彼此競爭的世界。

兩個小時後，我見到那一塊神木群聚之地，每棵臺灣扁柏都有兩、三個人合抱的直徑，扁柏需要一千年才能長出一公尺的直徑，如此看來這棵扁柏已有兩、三千歲了，樹幹又直又高大，往上看去，幾乎看不到樹冠的盡頭，只能看見陽光從樹冠上灑下點點金光，巨大而美麗，粗壯卻優雅，在它周圍沒有太多植物，它聳然而立，高大的枝幹往九天雲霄延伸，我們坐在它的腳下，像森林裡的矮精靈。

我看著他黝黑的臉龐，因歲月刻畫出眼角的皺紋與記憶如同鐵道同時延伸，對我說起小時候跟著爸爸在羅東林場生活的情景，蓄木池的水深及兩到三米，從山上砍伐下來的臺灣扁柏與紅檜先浸泡在池子裡以防蛀蟲侵蝕，他和小朋友們最大的戶外娛樂，就是雙腳踩過一根根巨大的浮木，一趟一趟樂此不疲的飛跳過水池，此起彼落，藉著水的浮力，像一群棲息的鳥兒，突然集體飛翔越過池塘般的水池，家裡也總有油脂豐厚的臺灣扁柏樹段，或當椅子或當寫字的小圓桌，在潮濕的天候中，扁柏像回到它濕潤的森林的原鄉產生濃郁的芳香，在你算數學時，飄進他的童年乃至成人乃至漸老的現在。

家中總是用剩下的木屑當作生火煮飯的材料，伴著媽媽在揮汗如雨的灶下，幫忙將堆放在廚房一角的細屑推入灶火，那火一下子燃起，且驅走了亂飛的蚊蟲，又能營造出整個空間淡淡的薰香，連煮出來的飯菜彷彿都摻入森林的氣息。

童年在檜木的環境中生長，眼見檜木成群的從小火車上噗噗而來，看它們被卸下浸泡，居住的小村落的人群以檜木為生，外地來討生活的人們藉販賣一捆五元的柴枝填飽肚子，也有富生意頭腦的阿伯因檜木成了大建材商；十五歲他開始接受木工技藝訓練，每天與木頭朝夕相處，人與木頭熟悉彼此鍛鍊彼此，從一個家具製作師傅，成長到一位設計者，以檜木做材料，將其外部的厚殼削去，以砂紙在它身軀上一次次的摩搓，待一層層粗糲的皮蛻去之後，檜木細膩的紋路盡顯，白晰中透出一絲粉黃的顏色，打量它，撫摸它，他想做一個美麗的幾何，那是一個橢圓形類似飛碟上下兩層的盒子，沒有花俏的漆光覆蓋，有的是細膩的工藝與維持檜木的原有面貌，隨其香氣四溢，擺在室內，是一件藝術品。

中年時期回到家鄉，在檜木群中，有時獨自有時與山友們在檜木群中，一起分享檜木的生長環境與故事。

我撫摸神木的外皮，想著我們這一代，乃至於從我們上一代的四、五十年代開始，在日本人眼裡，木質細緻且不易腐壞，總能散發出不滅香氣的檜木是珍寶，他們開始建造鐵路把珍貴的檜木們砍伐後運下山，飄洋過海送到日本建造神聖的神社，此時，檜木群正面臨大量的消失危機，日本人走後，接下來的國民政府則靠著檜木的高經濟效益，大量砍伐、外銷，為帶動經濟起飛，卻讓檜木群急速的消失在它的原鄉，原始林一路遭破壞的滄桑史，卻造就了他的一生與檜木結下不解之緣。

透過靈魂之眼，有時候我看見的不是一棵樹，而是整個宇宙在眼前攤開，有時候看見的不只是一個木盒，而是一場生生滅滅。在扁柏的年輪中，我們可以看見森林中曾經有的大火，曾經有的霜雪覆蓋，曾經有的乾旱，在土壤和雨水的影響下，如何形成一棵扁柏的千年生命，而在那無形的一道年輪裡，摻雜了他還不到七十年的一生。這七十年在一道年輪就是一千年的比例中，直如閃電畫過天際般的短暫，微不足道。

坐在樹下，神木聆聽我們低語，沒有苛責、沒有叮嚀，高聳如傘的樹冠在幾十公尺高的地方為我們遮擋炙熱的太陽，爬滿神木粗糲外皮的苔蘚植物，利用樹皮上的水分與養分繼續在森林中繁衍，雲霧裊繞在樹冠層以下，登山者抱著扁柏，悄聲地說他們正在跟老樹能量交換。「沉浸在地球的美與神祕中的人，永不會孤單或厭倦生命。」—《寂靜的春天》作者，瑞秋卡森寫道。

傳說人類始祖在面對生命之樹與智慧之樹時，選擇摘下了智慧之樹的果子，人類開始進化繁衍成萬物之靈，發展經濟和科技文明，然而，如果當初選擇生命之樹的果子，人類會遵循著古老的傳統和與大自然同步的方式生活，雖然沒有璀燦的科技文明，但卻有單純的心靈並且通曉天地的運轉，個個長壽如彭祖，我抬頭仰望每棵長壽過彭祖的神木們，人類何時才能看見那棵生命之樹？

散步地圖

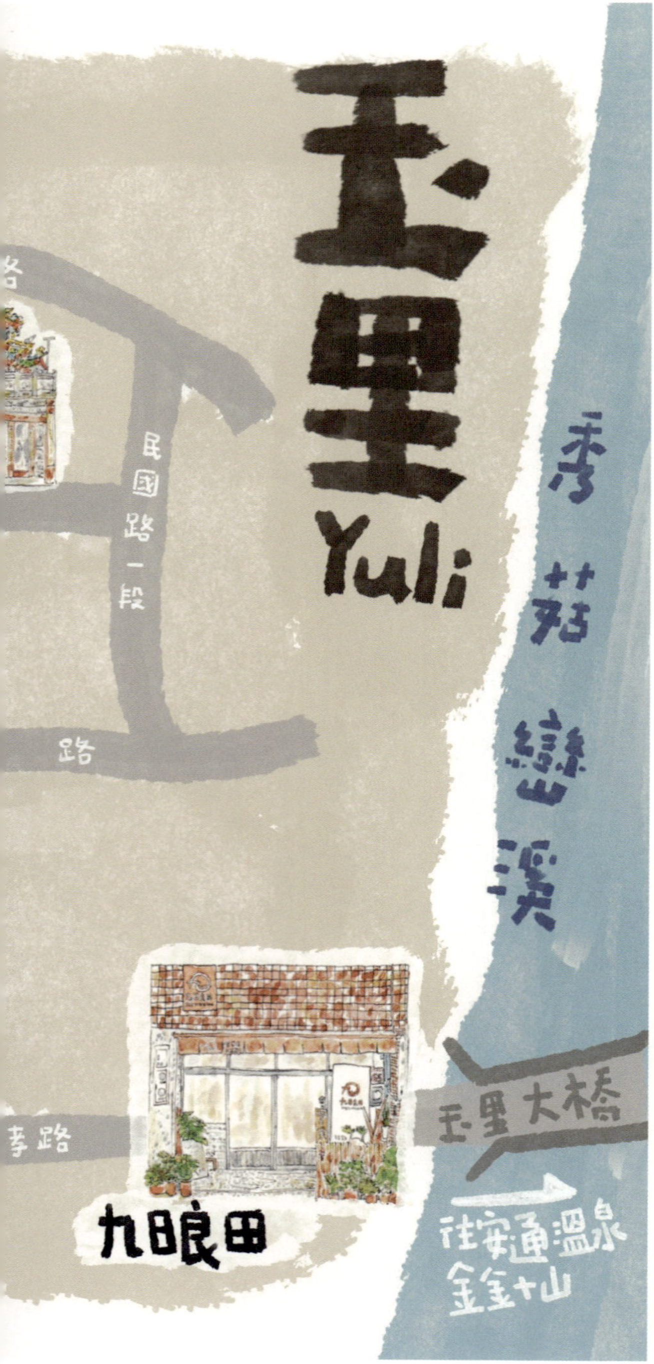

玉里榮總
新興街
百年茄苳
玉里神社
民族路
協天宮
中正路
中山路二段
大同路
西邊街
玉里車站
康樂街
光復路
中山路一段
散步地圖

不是只有玉里麵—神山腳下的菜市場

作　　者 — 譚玉芝

社　　長 — 林宜澐
責任編輯 — 鄭雪如
美術設計 — 賴芳怡
內頁插畫 — Yuma
黑 板 畫 — 陳明忠
企劃經理 — 沈嘉悅

出版 — 蔚藍文化出版股份有限公司
地址：110408 台北市信義區基隆路一段 176 號 5 樓之 1
電話：02-2243-1897
臉書：https://www.facebook.com/AZUREPUBLISH/
讀者服務信箱：azurebks@gmail.com

總經銷 — 大和書報圖書股份有限公司
地址：248020 新北市新莊區五工五路 2 號
電話：02-8990-2588

法律顧問 — 眾律國際法律事務所
著作權律師：范國華律師
電話：02-2759-5585
網站：www.zoomlaw.net

印刷 — 世和印製企業有限公司
ISBN— 978-626-7275-69-6
定價 — 420 元
初版一刷 — 2025 年 4 月

國家圖書館出版品預行編目 (CIP) 資料

不是只有玉里麵：神山腳下的菜市場／譚玉芝著 . -- 初版 . -- 臺北市：
蔚藍文化出版股份有限公司，2025.04　面；　公分
ISBN 978-626-7275-69-6 (平裝)

1.CST：遊記　2.CST：花蓮縣玉里鎮

733.9 ／ 137.9 ／ 103.6　　114001921